图画通识丛书
A Graphic Guide

心 理 学

Introducing
Psychology

奈杰尔·C.班森 (Nigel C.Benson) / 文、图

徐 苗 / 译

三联书店

图书在版编目（CIP）数据

心理学／（英）班森文；徐苗译. 一北京：
生活·读书·新知三联书店，2016.2 （2025.5 重印）
（图画通识丛书）
ISBN 978 - 7 - 108 - 05274 - 2

Ⅰ. ①心… Ⅱ. ①班… ②徐… Ⅲ. ①心理学 Ⅳ. ① B84

中国版本图书馆 CIP 数据核字（2015）第 043821 号

责任编辑　樊燕华
装帧设计　朱丽娜　张　红
责任印制　卢　岳
出版发行　**生活·讀書·新知** 三联书店
　　　　　北京市东城区美术馆东街 22 号
邮　　编　100010
网　　址　www.sdxjpc.com
图　　字　01-2019-1742
经　　销　新华书店
排版制作　北京红方众文科技咨询有限责任公司
印　　刷　河北松源印刷有限公司
版　　次　2016 年 2 月北京第 1 版
　　　　　2025 年 5 月北京第 5 次印刷
开　　本　787 毫米 × 1092 毫米　1/32　印张 5.75
字　　数　93 千字
印　　数　17,001 - 19,000 册
定　　价　28.00 元

（印装查询：010-64002715；邮购查询：010-84010542）

目　录

什么是心理学

心理学的英文 Psychology 源于两个单词：**psyche** 和 **logos**。Psyche 是希腊语 Ψυχή——本意是"生命的气息"，可以理解为"灵魂"或是"精神"。这个词大致可翻译为 **"心理"**。

而 logos 的意思是"知识""研究"，与其他"ologies"一样（比如：社会学 sociology，生理学 physiology），都是指关于某个领域的研究。

在希腊神话中，Psyche（普赛克）的形象是一只蝴蝶，她最后成了爱神厄洛斯（罗马名为丘比特）的妻子。

今天，希腊字母"Ψ"（读音：psi）是国际通用的心理学标志。

因此，心理学最初的定义为 **"对心理的研究"**。

但是，现在大部分心理学家已经不再这样定义心理学了。

关于定义

大多数心理学家都试图清楚地区分哪些是真正的心理学，哪些不是。

那么，心理学家们是如何定义"心理学"的呢？事实上，要找到一个能够被广泛认可的定义是很困难的。大多数心理学家都认为心理学必须具有科学性，要避免缺乏科学依据的思考，然而这个定义并不总是足够清楚。

定义心理学遇到的另一个困难是一个实际问题——要如何直接研究心理。一些人认为直接研究人的内部心理过程是绝无可能的。的确，想要定义"心理"都非常困难，更何况是对其进行直接研究。一些心理学家彻底放弃了对心理的研究，特别是行为主义者，比如斯金纳（B. F. Skinner）和华生（J. B. Watson）。

"我们没有必要去研究个性、心理状态、情感……我们真正需要做的是对行为的科学分析。"

斯金纳（1971）

"绝不要使用意识、心理状态、心灵这类术语……"

华生（1913）

因此，在实践中，心理学家们关注那些可以被**观察**和**测量**的人类行为，包括人体的生理活动。尽管一些行为主义者持极端观点，普遍观点还是认为心理过程是心理学研究的核心。

因此，被广泛接受的心理学"操作定义"是：

> **心理学是关于人类和动物心理过程和行为的科学研究。**

难道这个定义不是也适用于社会学吗？

两个学科的定义的确是类似的，但是社会学主要是关于社会或次文化中大规模群体的研究。

而心理学主要研究的是个体或者小规模群体，后者在社会心理学中是主要的研究对象。

两个学科所使用的研究方法也不尽相同。心理学强调实验；然而在社会学研究中，由于受到习俗和伦理的约束，实验方法通常无法使用。因而，社会学研究更常用的是观察法和调查法。

心理学包含哪些研究？

与自然科学不同，心理学没有统一的理论或者特定的研究方法……

让我们来看看心理学六种主要的研究方法和研究角度：

心理动力学（精神分析）；行为主义；认知（包含格式塔）；人本主义；生理心理学；社会－文化心理学。

心理学的分支

除了研究角度的不同，在大学的心理学院系中，心理学会被分成不同的研究领域。典型的划分可能是：

心理学接待处

(1) 发展心理学（Developmental Ψ）
(2) 社会心理学（Social Ψ）
(3) 比较心理学（Comparative Ψ）
(4) 个体差异（Individual Differences）
(5) 认知心理学（Cognitive Ψ）
(6) 生理心理学（Bio-Psychology）
(7) 健康心理学（Health Psychology）
(8) 组织心理学（Organizational Ψ）

（低声）打扰，请问心理动力学系怎么走？

在地下室……从后门走。

要想成为一个心理学家，需要一个被认可的学位（荣誉理学学士[1]），以及相关专业协会的会员资格，比如下列某个组织的会员[2]：

BPS：英国心理学协会（创建于 1901 年）

APA：美国心理学学会（创建于 1893 年）

APS：美国心理学协会（创建于 1988 年）

---

[1] 在英国，BSc Hons 指的是以优秀成绩获得学士学位的本科生。

[2] CPS：中国心理学会创建于 1921 年。——译注（本书注释如未特别注明，均为译注）

心理学与精神病学？

这两个学科常常被混淆。简单来说，两者的区别在于：

> 心理学家研究人类所有的行为，正常的和异常的。

> 精神病学家是医生，专门从事异常行为，也就是"精神疾病"的治疗和研究。

精神病学家具有医学学位和精神病学（psychiatry）的资质，属于医学学会。（只有他们才有权开处方。）但是也有些接受过特别训练的心理学家专门治疗有心理问题的人，他们是临床心理学家。

想要成为一个临床心理学家，必须具有高等级的心理学学位（至少 2.1 等 [1]），相关的工作经验（例如：护理、社会工作），以及临床资质的认证（例如：英国心理学协会认可的证书或者硕士学位）。

一些临床心理学家，像传统的精神病学家一样，以精神分析为他们的治疗基础（如：泰维斯托克诊所 [2]）；而另一些则基于行为疗法和行为矫正疗法（如：莫兹里诊所 [3]）。（这些疗法会在稍后的章节中进行描述。）

---

[1] 英国学士学位等级中次于一等高于二等的一个等级。
[2] Tavistock Clinic，位于英国伦敦。
[3] Maudsley Clinic，位于英国伦敦。

心理学是一门科学吗？

心理学的定义中包括"科学研究"，这就带来了一个问题："什么是科学。"对大多数人来说，"科学"会让他们想到一个实验室，里面摆放着试管、复杂的测量设备，等等。这个联想是合理的，因为它强调了**实验**的重要性，实验只有在这种有控制的条件下才能被正确地实施。

在所有的科学学科中，进行实验都是为了探索现象背后的**因果**关系。

心理学家也喜欢进行实验。然而，有时会因为习俗和伦理问题而无法进行实验。

通常，心理学家无法像化学家研究化学药品那样研究人类。

因此，除了实验法外，心理学家不得不采用多种研究**方法**。

方法论

对研究方法的研究称为"方法论"。方法论包含两个层面：

（a）从更**实际**层面考量应当采用哪种研究方法；

（b）以及从更**哲学**的层面上思考**科学**的本质。让我们从实际层面的方法论开始讲起。

在实践中，有五种研究方法供心理学家选择。

1. 实验法
2. 观察法
3. 调查法
4. 个案研究法
5. 相关法

最后一种方法可能更多地被认为是一种测量形式，而不是一种研究方法。

在每种方法中，心理学家可以采用多种**研究手段**（Techniques），例如：录音、录像、问卷调查、访谈、测验和心理测量等等。

研究方法：1. 实验法

第一个社会心理学实验是由特里普利特（Triplett）在 1898 年完成的。实验检验了假设——在完成转动鱼线轮的任务时，男孩在一个两人小组中完成的速度要比男孩一个人单独完成时快。

转动鱼线轮 150 圈钓起一只玩具小马的平均时间：

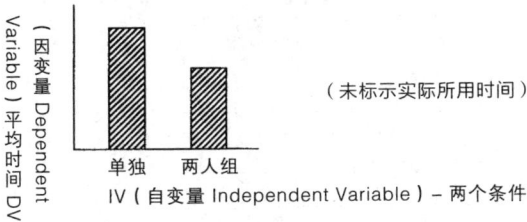

（未标示实际所用时间）

IV（自变量 Independent Variable）– 两个条件

正如研究者所预测，在两人一组的条件下，男孩们完成任务所用的平均时间少于单独完成所用的时间。

因此，实验假设可以被接受。实验结果支持了一个理论，即至少在完成一些简单重复的任务时，人们在两人一组的条件下会做得更好。

这个实验具有了所有实验应当具有的特征。一个在实验操作下发生变化的"原因"变量（IV）和一个可测量的"结果"变量（DV）。同时，其他变量受到了**控制**而保持恒定。实验法存在两个缺点，一是实验的结论可能是无关紧要的，一是人为的实验条件脱离了真实情境。

2. 观察法

通过观察行为，研究者可以收集大量的信息，尤其是在更加"自然的"环境中：家里、学校操场、幼儿园。麦金太尔（McIntyre，1972）对2—4岁的儿童进行了观察，并测量了他们的攻击性（根据预先设定的等级进行评价）。部分结果如下：

攻击性差异图

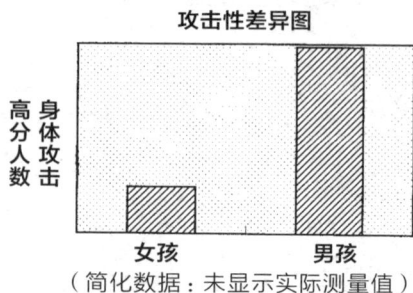

（简化数据：未显示实际测量值）

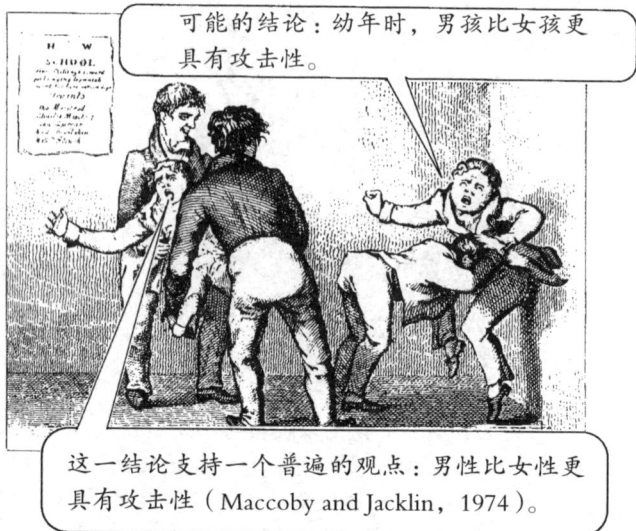

可能的结论：幼年时，男孩比女孩更具有攻击性。

这一结论支持一个普遍的观点：男性比女性更具有攻击性（Maccoby and Jacklin，1974）。

然而，因为这并不是一个实验研究（没有自变量或者是"原因"变量），所以不能肯定地说性别是导致攻击性的"原因"。此外，还有很多有关变量研究者没有加以控制，例如：父母的教养方式，阅读的书籍和观看的电影电视。

3. 调查法

调查法可以用来测量**很多**的人，常使用的方式有**问卷**和**访谈**。例如，在测量人们的态度时，研究者会采用调查法。威尔林斯（Wellings）和同事开展了"性态度与生活方式的全国调查"（National Survey of Sexual Attitudes and Lifestyles），调查结果整理为《性行为在英国》（*Sexual Behavior in Britain*）一书，于 1994 年出版。

调查中有一个题目是"在婚姻或恋爱中，友情和爱比性更重要"。

结果：

	同意或 非常同意	既不同意 也不反对	反对或 非常反对	调查的 样本量
男性	**67.2%**	22.0%	10.8%	2079
女性	**68.4%**	21.7%	9.9%	2563

结论：

最值得注意的是，绝大多数被调查对象认为性不是婚姻和恋爱中最重要的部分，性并不像一些媒体所强调的那么重要（Brunt，1982）。

调查法存在两个问题，事实上也是**所有**研究方法都存在的问题：是否**可信**（即结果稳定），是否**有效**（即结果准确）。

4. 个案研究法（或个案史法）

个案研究是对个体（或小规模群体，如家庭）进行的详尽的记录。奥利弗·萨克斯（Oliver Sacks，1970）发表了"P博士"的个案研究。P博士是一名有修养并且很受欢迎的音乐家。不幸的是，由于成年后的大脑损伤，他再也无法识别人和物体了。

"他伸出手，抓住他妻子的脑袋，想要把它拿下来戴到头上。显然，他误把妻子当成了一顶帽子！"

这种神经病学的个案研究能够揭示许多大脑的秘密。这个案例有助于研究大脑的特定区域是如何控制视觉、识别和记忆的。因此，个案（或"临床"）研究是认知心理学领域中非常有用的研究方法。并且，个案研究构成了精神分析的基础。

5. 相关研究

相关研究测量的是两个（或多个）变量之间的关系。相关有三种类型：正相关、无相关（零相关）和负相关。相关可以通过**散点图**来显示。

正相关：当一个变量增加时，另一个变量也增加。例如，同卵双生子智力之间的关系。

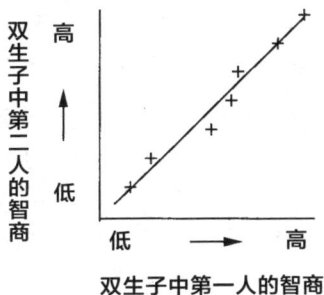

双生子中第一人的智商

无相关：变量之间没有关系，既不是正相关也不是负相关。例如，雀斑和智力的关系。

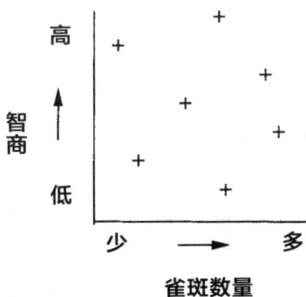

雀斑数量

负相关：当一个变量增加时，另一个变量降低。例如，年龄越大，头发越少。

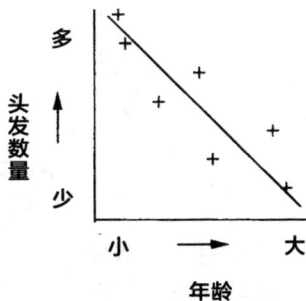

年龄

相关大小和显著性

相关大小可以由 -1 到 1 这个区间中的一个数来表示……

-1.0 .9 .8 .7 .6 .5 .4 .3 .2 .1 0 .1 .2 .3 .4 .5 .6 .7 .8 .9 1.0+

一般来说，相关的绝对值达到 0.6、0.7 或更大的数值时是显著的。（相关表为每一个样本量提供具体数值。）

但是，要记住的最重要的一点是**相关不代表因果**。在意大利，曾经发生过由这一误解导致的一个严重事件。在 20 世纪 80 年代初，出现了一个无法解释的死亡现象，死亡率与橄榄油的摄入量呈正相关。政府直接得出了橄榄油有毒这个因果结论。而随后的研究表明，导致死亡的真正原因是被农药污染的番茄。

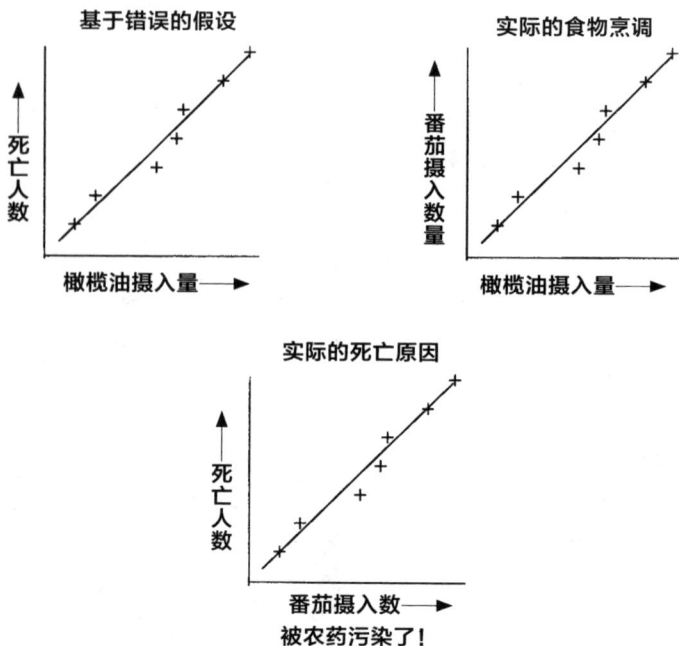

基于错误的假设

死亡人数 ↑ / 橄榄油摄入量 →

实际的食物烹调

番茄摄入数量 ↑ / 橄榄油摄入量 →

实际的死亡原因

死亡人数 ↑ / 番茄摄入数 →
被农药污染了！

由偶然因素导致的**虚假相关**也是一个问题。例如：酒精饮料销售量的增加和牧师借自行车的次数。

与方法论有关的其他问题

除了选择采用哪种研究方法，心理学家必须选择合适（数量上和质量上）的**样本**，同时还必须保证所收集的数据**可信（reliable）**及**有效（valid）**。

抽样（Sampling）是为研究选择一组人类样本，即**参与者（participants）**，过去也称作被试（subjects）。我们不可能测量研究所涉及的整个人类群体，所以仅从中抽取"样本"来代表整个群体。抽样方式有以下三种：

随机抽样（Random sampling）指在目标群体中每个人被抽中的概率相等。这种方法能够提供典型的参与者。

例如，将名片放入一个帽子中，打乱后从中抽出30张。

定额抽样（Quota sampling）是指从特定群体中抽取一定数量的样本，例如从三个不同年龄的群体中各抽出20人。（这种抽样技术也受到"民意调查"员的青睐，例如从一系列城镇中抽样调查选民的意向。）

机会抽样（Opportunistic sampling）是指抽取"任何一个有空并愿意参与研究的人"。当然，这种抽样方法会产生有偏的结果。（大多数心理学研究都采用大学生作为研究的参与者。）

信度（**Reliability**）指"可重复性"或"一致性"。当我们采用一个可信的测验时，在相似的情境下会得到相似的结果。（这种相似性可以通过相关法比较两次研究结果的相似性来检测。许多测验通过这种方法来进行**标准化**。）

但是，一个测验或测量可信并不说明它有效。

效度是指一个测验或测量能否准确测量研究者所欲测量的目标，例如：IQ 测验能够测量"智力"（仍有争议）。

一把廉价的塑料直尺就是一个"可信"但是并不"有效"的测量。

测量某一个特定长度时，能够得到一致的结果，但却不一定准确……

我得到的结果比你的长。

你的尺子也许可信——但是并不有效。

哲学方法论

方法论也包含了哲学层面的探讨。哲学层面会追问一些更为基本的问题。"我们怎么知道什么是正确的？"……"那个理论是正确的吗？"……"我们可以*证明*什么吗？"……"科学是什么？"

就当今的大多数人而言，"科学"就是实施**测量**，并进而提出**理论**对现象进行解释。这两个过程缺一不可。这看似显而易见，但并非一直如此。

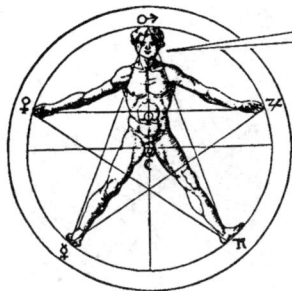

在 19 世纪，研究者沉迷于测量——有时候只是为了测量而测量！

然而通常测量与理论之间没有联系。

到了 20 世纪中叶，随着大量测量和理论的涌现，很多科学家只是通过简单地搜集证据去支持自己的理论，而没有真正地对理论进行检验。

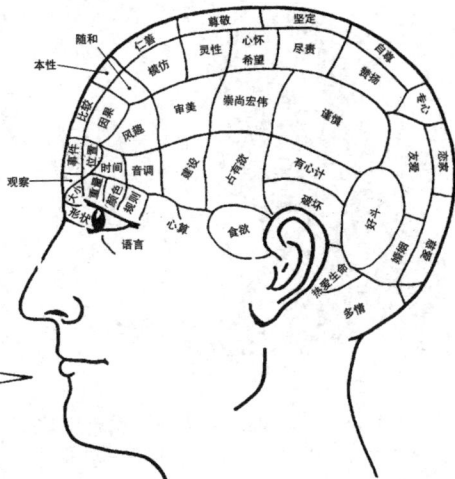

因此，人们必须要解决如何去**检验理论**这一问题。那么，究竟**科学的理论**和**不科学的理论**之间有什么区别？有一个人提供了一种判断方法……

卡尔·波普尔

卡尔·波普尔（Karl Popper 1902—1994）提出了一个评判标准：**理论**可以分为**科学理论**（可被证伪）和**非科学理论**（不可被证伪）。**非科学理论**包括：大部分宗教思想（如：上帝的存在），许多政治理论（马克思主义，资本主义），弗洛伊德理论（如：无意识的相关概念），以及报纸上刊登的每日星运（daily horoscopes）。

你的问题来源于你的本我（id）和自我（ego）的冲突……

这是由"资产阶级和无产阶级的敌对"导致的……

这个可以由上帝和魔鬼的冲突来解释……

一个科学的理论是可以被反驳的……也就是说，是可以被证伪的。

卡尔·波普尔

非科学理论的魅力在于它可解释**一切**——**但这也是其弱点！**试图通过科学的方法去验证他们是不可能的，也是没有意义的。

科学研究的过程

波普尔的证伪原则和形成理论的**归纳法**相结合，就构成了科学研究的一般过程。（归纳法：从特殊事件归纳出普遍规律。）

观察

一个苹果掉落

理论
（通过归纳）

地心引力

假设
（即预测）

实验

如果我松手，
苹果会掉落

放开一个物体

结果：
是或否

若为是，理论
得到了支持。

若为否，理论有
错误，需要修改。

这个过程中非常重要的一点是理论只能**被证伪**，但是无法**被证明**……

为什么所有理论都不能被证明？

尽管我们在日常生活中经常用"证明"这个词，但是严格来说，**没有什么是能够被证明的**。道理很简单，因为再多的证据都不够——因为新的对立的证据总是有存在的可能。

所以，只收集**支持**理论的证据是具有很大局限性的：一个优秀的科学家会寻找**证伪**一个理论的证据。

科学和法律有一点类似：即使在法庭上，也不可能**证明**一个人是有罪的——只有"排除一切合理怀疑"后才能说一个人有罪。由于新证据的出现，有很多被裁定为罪名成立的案件最终撤销判决。

在科学领域中，我们也永远不可能确定一个理论是"正确的"——因此，我们倾向于认为当前理论是**有用的**，直到更好的理论出现。正如牛顿的引力理论（物体间的相互吸引）被爱因斯坦的引力理论（时空的扭曲）替代。

没有必然

在更深的哲学层面上，我们永远无法预知未来。因为，即使一些事在过去总是发生，也不意味着它们一定会在未来发生。

但是预测化学品的反应相对容易——通常会有非常高的概率。然而，人的心理和行为则更难预测。

心理学中的概率

通常，心理学家认为 95% 的确信概率是可以接受的。他们容许出现 5% 犯错误的概率。如果可能，有 99% 的确信概率更好，即只有 1% 出错的可能。这就解释了为什么心理学研究通常以统计方式呈现……

差异达到了 0.05 的显著性水平（单侧检验）

0.05 只是 5% 的另外一种写法。

这句话的意思是：我们有 95% 的把握确信预测中的差异是存在的。

为计算这些统计值，心理学家会采用多种**统计检验方法**——t 检验（t），秩和检验（Wilcoxon），曼 - 惠特尼检验（Mann-Whitney），卡方检验（Chi-squared），等等。心理学家会根据具体情况选取相应的统计检验方法。

初学心理学的学生在面对这些统计值时常会感到惊讶，有时甚至还会望而却步。但是，它们是科学研究方法的必要组成部分。不过，了解这些检验的原理并不是必要的，我们需要的是知道如何运用它们。统计检验只是进行研究的**工具**。

心理学的诞生

1879 年，威廉·冯特（1832—1920）在德国莱比锡大学建立了第一个心理学实验室，开始了对人类行为的研究。这标志着心理学的正式诞生。冯特开创性地提出了"实验心理学"（Experiment Psychology）这一术语。

"我的目标是创立一个新的科学领域！"

"因此，对一个事实进行研究的第一步是描述其组成元素……"

生理心理学原理（1873—1874）

人类和动物心理学论稿（1863）

冯特将**内省法**（即对自我心理状态的检视）引入了心理学，他训练人们在严格的实验条件下进行**内省**：

> 1. 观察者必须要了解内省过程的开始。
> 2. 在内省过程中，他们必须有准备，或是注意力集中。
> 3. 必须能够多次重复地观察。
> 4. 必须可以通过操纵刺激来改变实验条件。

批评者担心高强度的自我观察可能让人发疯。

评价冯特

冯特精细地组织了第一个心理学实验，并且开启了社会（民族）心理学的研究——研究范围包括语言、艺术、社会习俗、神话、法律和道德。

冯特的名声迅速传开。他的学生学成回国后，在美国、意大利、俄罗斯和日本建立了他们自己的实验室。

今天，冯特研究过的那些课题仍然在被研究——感觉，时间估计，反应时，注意广度，情绪，言语联想。

然而，冯特研究的发现和理论现在已经很少被应用了，它们已经被取代了。内省法也因为太过主观而不再被研究使用。

冯特的贡献在于带领心理学走出非科学的思辨领域，建立了科学的心理学。

在心理学建立之前

冯特新引入的科学方法具有重要意义。在心理学建立之前，从古希腊时期的苏格拉底（公元前 470—前 399）开始，与心理学相关的问题都是由哲学家提出的，例如记忆、学习、动机、知觉、梦和变态行为等。

但是，通常古希腊人并不喜欢**测量**事物。柏拉图和亚里士多德都认为真理来源于思考而不是实践。

我认为身体和灵魂是分离的。

我反对你的二元论……我建立了一个完整的知识体系……并对经验进行了描述，例如：清醒、睡眠、性别、记忆、情绪、自我控制、人际关系……

柏拉图（约公元前 428—前 347 ）

亚里士多德（公元前 384—前 322 ）

在基督教神学统治的中世纪，亚里士多德的学说在西方哲学中占主导地位。可以这么说，基督教的"心理学"被原罪、自责、忏悔和权威所占据。

笛卡尔提出的身心关系问题

勒内·笛卡尔（Rene Descartes, 1596—1650）是一位对心理学有着最直接贡献的哲学家。笛卡尔在其著作《谈谈方法》（1637）和《沉思录》（1641）中都探讨过身心关系这个问题。在笛卡尔以前，人们普遍认为心灵和身体是分离的（柏拉图的二元论），心灵可以影响身体，然而身体却**不能影响心灵**。

我思
故我在

但是，精神世界和物质世界是相互独立、彼此分离的吗？

是的，我也认同二元论。然而，与以往不同的是，我认为身体也可以影响心灵。

根据笛卡尔的理论，心灵唯一的功能就是**思考**（笛卡尔对理性的强调被称为"理性主义"）。在此基础上，他还认为心灵能产生两种观念。

派生观念：来源于对外部刺激的感觉——听到的钟声，看到的树木。

天赋观念：来源于心灵或者意识——自我、完美、无限、上帝……

　　笛卡尔的分类引发了**先天与后天之争**——即一个特定行为是与生俱来的，还是后天学习获得的。认为"先天"占主导的人被称作"先天论者"（现在，这个术语已经很少用了）。另一方面，一些人强调学习或者"后天"的作用。

联想主义

约翰·洛克（John Locke, 1632—1704）在其著作《人类理解论》（1690）中驳斥了笛卡尔提出的"天赋观念"，他认同亚里士多德的观点，即人的心灵在刚出生时就如一块未经涂抹的白板（*tabula rasa*, "clean slate"）。

> 那么，让我们将自己的心灵设想成一张白纸，没有任何特征，不带任何思想和观念……

> 理性和知识的素材从何而来呢？我的答案是，两个字，"经验"。

洛克正式创立了英国经验主义哲学，提出了联想理论。18 世纪，在伯克利主教（Bishop Berkeley, 1685—1753）和大卫·休谟（David Hume, 1711—1776）的推动下，联想主义得到了长足的发展。

根据休谟的理论，我们假设，人们建立"因果"联系是因为观察到或经历过一个事物伴随另一个事物而来。例如：一个台球击中另一个台球。

先验主义

伊曼努尔·康德（Immanuel Kant, 1724—1804）推翻了休谟的联想主义，他认为已经存在的（即先验的）"因果"概念是人类获得客观经验的先决条件。同时，他也对笛卡尔的理性主义提出了质疑，他认为仅依靠天赋理性不足以解释什么存在或什么不存在。因此，康德在《纯粹理性批判》（*Critique of Pure Reason*，1781）中，尝试将后天经验与先天观念相结合，提出了"先天综合判断"（synthetic *a priori* propositions）。

康德描述了三种心理活动：认识（knowing）、感情（feeling）和意志（willing）。今天，心理学家通常会对心理的认识（"认知的"）活动和情绪（"情感的"）活动加以区分。比如，在对态度进行分析时，心理学家会将其中包含的认知成分和情感成分区分开。

康德的观点是**先验的**——即知识（解释）是通过经验之外的先验理性获得的。在德国发展起来的"唯心主义"（如：黑格尔）和"浪漫主义"（如：叔本华、克尔凯郭尔）与康德的先验主义有密切关系——特别表现在他们对自然的崇尚和神秘主义的态度上。这与机械论的观点截然不同。

功利主义

詹姆斯·穆勒（James Mill）和约翰·斯图亚特·穆勒（John Stuart Mill）

自由主义哲学家约翰·斯图亚特·穆勒（1806—1873）是詹姆斯·穆勒（1773—1836）的儿子。詹姆斯·穆勒是一个**功利主义者**——他以追求"最大多数人的最大幸福"为信仰。

詹姆斯·穆勒认为心灵的活动是被动的（出自《人类心灵现象的分析》，1892），但是约翰·斯图亚特·穆勒并不同意（出自《约翰·斯图亚特·穆勒自传》[1873]和《论自由》[1859]）……

约翰·S.穆勒主张"心理化学"学说，尤其强调"创造性综合"学说——感觉元素会融合成新的化合物，而这个新化合物不再仅仅是元素的简单组合。（后来，他的这一观点，以及对心灵主动性的强调，都被格式塔主义者所采用。）约翰·S.穆勒认为心理学能够成为一门真正的科学。

孔德的实证主义

奥古斯特·孔德（Auguste Comte，1798—1857）与约翰·S. 穆勒是挚友，他的理论深刻影响并启发了穆勒。尽管孔德不同意穆勒对心理科学的看法，但是他却相信社会科学的存在，并且被人们称为"社会学之父"。

孔德对心理学的贡献在于他提出的**实证主义**。

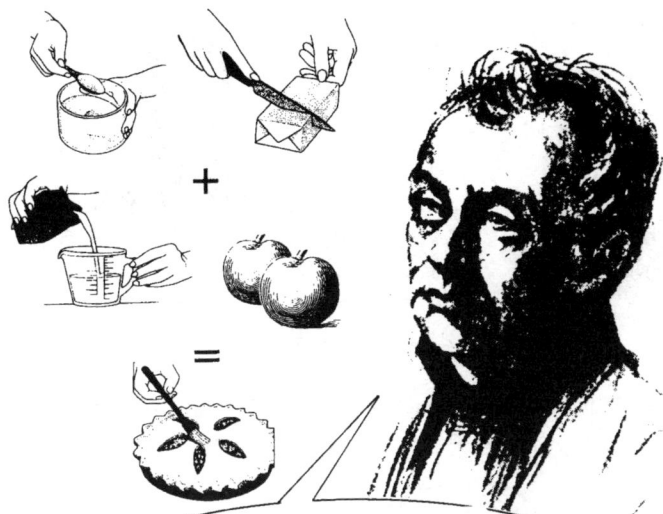

> 人们只能通过用实证方法去观察事实间的联系来获得知识。经验之外的都是无关的。

实证主义认为需要将命题还原为简单的事实 —— 即**还原论**（Reductionism）。这种观点影响了随后的行为主义者和很多生理心理学者。

孔德实证主义的发展最后促进了 20 世纪 90 年代逻辑实证主义的诞生（艾耶尔，A. J. Ayer 等）。逻辑实证主义者认为所有不能被经验证实，或者不能进行实证检验的陈述（statements）都应当被抛弃。当今的许多心理学家都非常支持这一观点。

早期的脑研究技术

19 世纪 30 年代，**生理学**成为一门实验学科 —— 约翰内斯·缪勒（Johannes Muller，柏林）、马歇尔·霍尔（Marshall Hall，伦敦）和皮埃尔·佛卢朗（Pierre Flourens，巴黎）对这一过程起到了极大的推动作用。他们致力于研究大脑功能，尝试对特定脑区进行定位和开发新的研究技术，他们发展出的研究方法至今仍被沿用。

1. 损伤法

霍尔和佛卢朗

我们通过摘除或损毁动物大脑的某一部分，来研究它对行为的影响。

随后，又有两种技术发展起来。

2. 临床法

保罗·布洛卡（Paul Broca，1861）发展了"临床法"，即在具有行为问题的病人去世后，对其大脑进行解剖并研究其损伤。

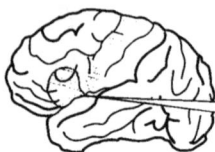

布洛卡区位于大脑左半球，参与语言表达活动。

3. 电刺激法

1870 年，佛里茨（Gustav Frisch）和西兹（Eduard Hitzig）用微弱的电流刺激大脑的特定部分，并观察动物的反应。

注意腿的运动……

这些研究技术非常有用，但是那个最重要的大理论却是由另一个人提出来的。

达尔文的进化论

查尔斯·达尔文（Charles Darwin，1809—1882）发表的《**物种起源**》（*On The Origin Of Species By Natural Selection*，1859）[1] 在公众和知识界引发了广泛的争论。然而在当时，很多对这本书的反馈仅仅是出于对达尔文的误解，忽略了他真正想要表达的思想。（这种情况现在仍在继续！）所谓进化论并不是一个单一的理论，而是由四个子理论构成的。

> 子理论一：
> 一般进化论。即物种是可变的，随着时间的推移和数代的繁衍，物种的外部形态（和行为）特征会发生变化。看看这些化石证据……

> 子理论二：渐变论。
> 物种数代的繁衍中，变化是一小步一小步地发生的。尽管，很多"步骤"的化石记录中都已经遗失了。

> 子理论三：共同祖先论。
> 生物的祖先是可以被追溯的——就像一个巨大的家谱。

现在让我们来看看第四个子理论，也是最重要的子理论，**自然选择论**……

---

[1] 完整书名为《论借助自然选择方法的物种起源》。

自然选择

　　自然选择分为两个方面。第一，变化发生在物种的一代繁衍下一代时。也就是现在所说的基因的**随机**突变——例如，由自然辐射导致的突变。（达尔文并不知道为何会发生变化，他只是观察到变化的确发生了）。

　　第二，"选择"的**意义**：

有利变异能够让新个体生存的机会变大。相反，不利的基因变异让新个体的生存机会更少。

我通过进化论来解释为什么在同一个物种中存在如此多的变种……

　　以太平洋地区的雀类为例。彼此相邻的岛屿上有着不同的食物：一些岛上有大量的坚果，但是几乎没有昆虫；而另一些岛上有更多的昆虫，但是几乎没有坚果。突变产生大喙的鸟能够在"坚果"岛上生存下来，那儿的细喙鸟却灭绝了。**但是**，突变产生细喙的鸟能够在"昆虫"岛上生存下来，那儿大喙鸟却灭绝了。动物以这种方式来适应环境被称作"**适者生存**"。

进化论的重要意义

"适者生存"这一概念有助于解释现存生物的多样性及其分布，无论是活着的还是已经死去的。（注意："适应"并不意味着"健壮"！很多弱小的生物生存了下来，而庞大、强壮的恐龙却灭绝了！）

从达尔文观察到进化起，人们多次见证了进化活动。例如，桦尺蛾有两种变异的个体：浅色蛾和深色蛾。

环境污染前，布满地衣的树。

环境污染后，没有地衣的树。

起初，"深色"蛾很难生存下来，因为它们没有接近树上浅色苔藓的伪装。也因为这个原因，"浅色"蛾更为常见。

然而，污染杀死了树皮上的地衣（露出了地衣下原本深色的树皮），"浅色"蛾更容易受到攻击，而"深色"蛾则有了更好的伪装。

当代进化论

近年来，我们已经见证了细菌和病毒的不断变异，以及它们对抗生素等药物产生的抗药性。一些病毒的治疗方法迄今仍未找到，比如导致艾滋病的 HIV 病毒。

因此，今天人们仍然能够观察到进化的过程！

进化论不仅仅是解释生物结构和功能的生物学核心理论，它也对心理学家十分有用，可以用于解释诸如求偶和领地防御之类的动物行为。理查德·道金斯（Richard Dawkins）曾经用进化论（经过重大修改的）来解释**利他主义**，即帮助他人而不计个人回报是为了让基因生存下去（*The Selfish Gene*，1976）。道金斯也常被人误解！

高尔顿的贡献

弗朗西斯·高尔顿（Francis Galton，1822—1911）是达尔文的表弟，热衷于进化和遗传的研究。他率先进行"个体差异"研究，并且发现了指纹的独一无二性（1892）。同时，高尔顿痴迷于计算和测量。他甚至计算了人们在听讲座和看戏时打哈欠和咳嗽的次数，尝试去建立一个"无聊度量"。

1844年，高尔顿在国际健康展览会上建立了他的实验室，随后这个实验室又在南肯辛顿博物馆设立了六年。

> 我有偿测量并收集了九千多人的身高、体重、力量、听力和视力等数据。

高尔顿使用并发展了三种特别的统计测量：**概率、正态分布和相关**。高尔顿发表的《遗传的天才》（*Hereditary Genius*，1869）和《科学的英国人》（*English Men of Science*，1874）中包含了很多个案研究，这些个案有著名的法官、医生和科学家，他们都出生在具有相应能力的家庭。在这项研究中，高尔顿通过计算发现，精英人士后代中出现精英的**概率**很高。

正态分布

高尔顿用到了由**阿道夫·凯特勒**（Adolphe Quetelet，比利时人，1796—1874）提出的正态分布曲线——例如，人的身高分布。

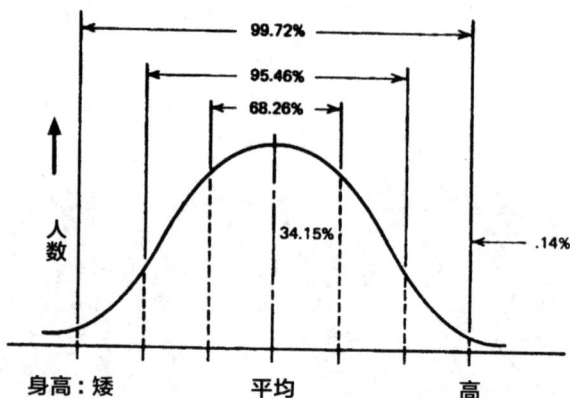

我发现这个曲线也适用于心理特征。

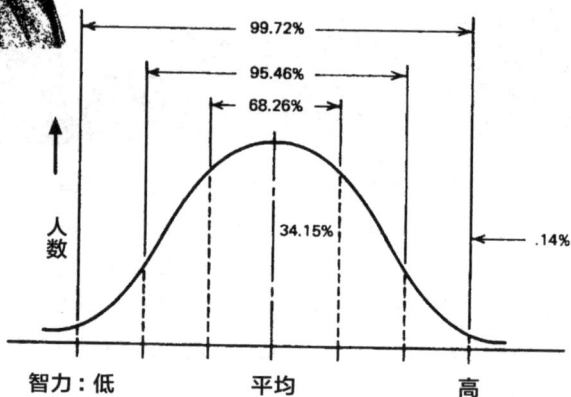

相关

1888 年，高尔顿发表了《相关》(Correlations)，书中用图例阐述关系问题——例如：高个子的人不会像他们的高个子父亲那么高，而矮个子的人会比他们的父亲高一些。

这也证明了"均值回归"(regression to the mean)原则。

普通人

高尔顿的学生，卡尔·皮尔逊(Karl Pearson)在导师公式的基础上，发展出了计算相关的方法（相关大小的区间在 -1 到 1 之间）——"皮尔逊相关系数"。现在这个方法依然在被广泛使用。

借助**统计学**，高尔顿在先天与后天之争中坚定地站在了先天这一边。在心理学的很多方向上，高尔顿的影响甚至超过了冯特。

构造主义和机能主义

德国（尽管到 1870 年才统一）是心理学的故乡。她为心理学的发展提供了所必需的经验主义和实证主义思潮，以及良好的学术环境和经济环境，还包括众多开设心理学的大学，而当时英国仅有**两所**。1879 年之前，有三位心理学家协助冯特工作：赫尔姆兹（Helmholtz），韦伯（Weber）和费希纳（Fechner）。后来，尽管冯特的理论在心理学中占主导地位，其他的研究者也做出了重要的贡献——尤其是**艾宾浩斯**（Ebbinghaus），穆勒（Muller），布伦塔诺（Brentano），斯图姆夫（Stumpf），屈尔佩（Kulpe）。但是，是冯特最出名的学生将心理学带到了美国。

爱德华·铁钦纳（Edward Titchener，1867—1927）生于英国，是冯特的学生和翻译。1893 年，他去了美国，在康奈尔大学建立了自己的实验室。（牛津大学拒绝了他，因为 1936 年之前牛津没有心理学！）他自称是冯特的忠实追随者，但是很快他就发展出了自己的研究方法。

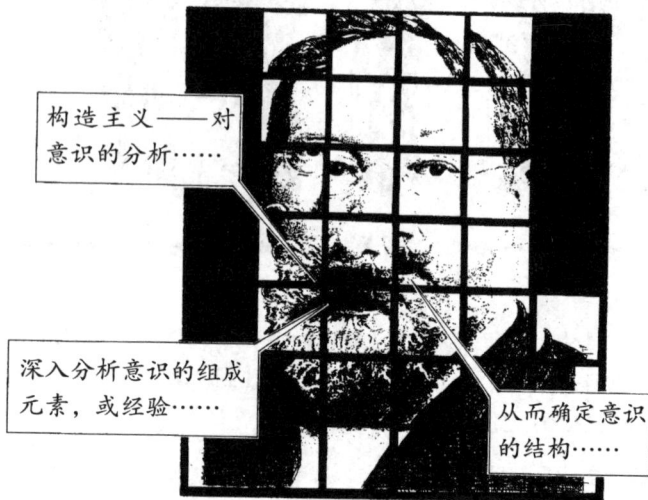

构造主义——对意识的分析……

深入分析意识的组成元素，或经验……

从而确定意识的结构……

构造主义依然过分地强调内省，以及过分的机械论——即将只有在整体时才有意义的心理过程拆分成一个个经验成分。构造主义持续了约二十五年，终止于铁钦纳的去世，构造主义最终走向了尽头。

构造主义立即遭到了**机能主义**的反对。机能主义，正如这个名称，主要关注心理如何发挥**作用**。机能主义直接的理论背景是达尔文和高尔顿对意识所持的观点，以及赫伯特·斯宾塞（Herbert Spencer，1820—1903，也是一个英国人）提出的社会达尔文主义。（斯宾塞会戴上耳罩来保证自己的思考不被打扰！）

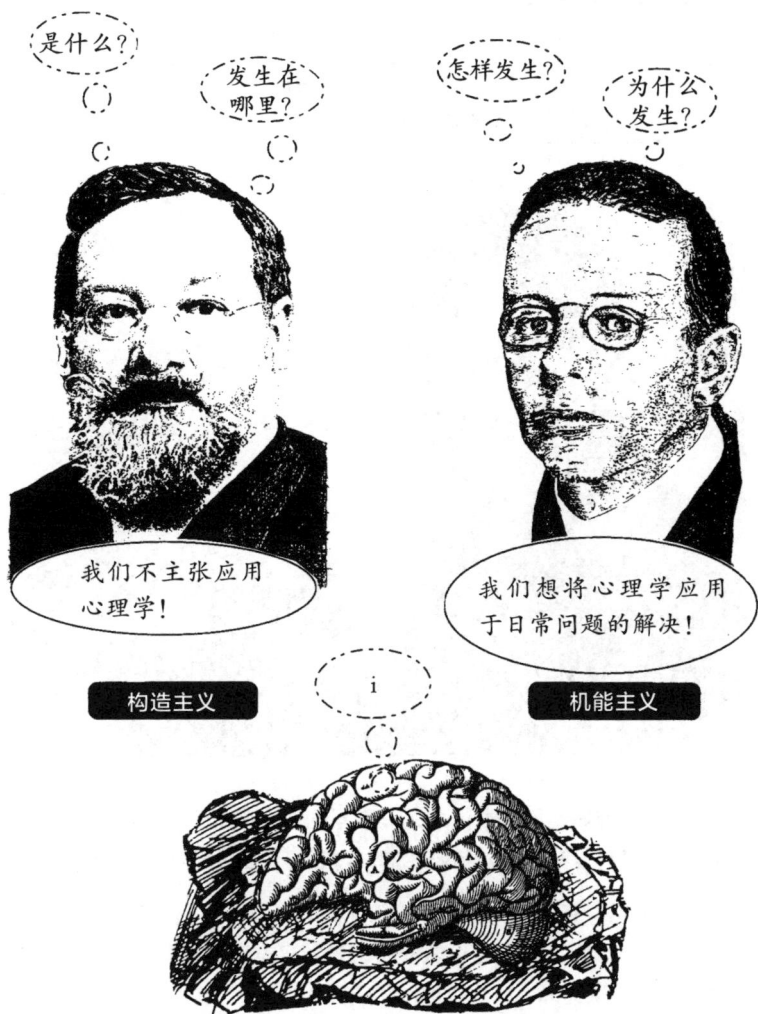

> 是什么？
> 发生在哪里？
> 怎样发生？
> 为什么发生？

> 我们不主张应用心理学！

> 我们想将心理学应用于日常问题的解决！

构造主义

i

机能主义

第一个机能主义心理学家

1875 年，**威廉·詹姆斯**（William James，1842—1910）在美国开设了第一个心理学课程。然而，他对实验并不感兴趣。他对大脑活动的产物——意识——更感兴趣。他创造了"意识流"这个词，用于描述意识川流不息的状态（而非元素）。

> "心理学是关于心理生活的科学，涉及心理生活的现象及其条件。"

但是，詹姆斯的研究被认为是非科学的、非常规的：他研究心灵感应，透视能力，通灵术等等。他所研究的对象正是大部分科学家避免涉及的。

即使如此，詹姆斯的研究仍然很有吸引力（比如：宗教经验）。同时，他也开创了心理学重要应用价值的研究，尤其是在教育心理学领域，著有《对教师的讲话》（*Talks to Teachers*，1899）。

教育也是**约翰·杜威** *（John Dewey, 1859—1952）主要感兴趣的问题。1886 年，他出版了美国历史上第一本心理学教科书《心理学》，虽然这本书不久就被詹姆斯的书取代了。他不喜欢"二分法"——不愿意分割心灵与身体、方法与目的、事实与价值、思考与行动、个体与社会。相反，他是一个**实用主义者**（像詹姆斯），也就是说，他支持实践中有效的一切事物。

杜威热衷于进化论：人们为生存而抗争。他的研究重点在教育领域（1904）。

我把儿童看作能动的个体，他们由所处的环境塑造，同时也塑造着他们所处的环境——他们不是等着被装满的空杯子。

因此，学校应该是这样一个地方：孩子们能够相互影响并且进行实验，可以根据个体的需求和"智力调查"得到教育。由此，杜威建立了"进步教育"（也翻译为渐进式教育）。

---

* 这里提到的杜威不是麦尔威·杜威（Melville Dewey，1851—1931）。后者是杜威十进制图书分类法的发明人。（心理学的分类编号是 150）——原书注

詹姆斯·安吉尔（James Angell，1869—1949），是约翰·杜威的学生，也是威廉·詹姆斯的同事。他正式将机能主义发展成了一个学派——"芝加哥学派"。安吉尔撰写的《心理学》（1904）取得了巨大的成功。

"我们应该把所有的心理操作，例如感觉、情绪和有意识的活动，看成适应环境的多种表现，既是社会性的适应也是身体的适应。"

安吉尔总结了机能主义的研究要点（1906）：
（1）研究心理操作，而不是其组成元素。
（2）研究意识，包括诸如欲望、判断等过程。
（3）不将身心分割开。

哈维·卡尔（Harvey Carr，1873—1954）成名于 1919 年，当时机能主义的研究重心已经从（主观的）心理和意识转到了（客观的）行为研究上。机能主义最终因为没有了论战对象而结束。从某种意义上来说，所有人都变成了"机能主义者"。（尽管，今天几乎没有人称自己为机能主义者了。）

历史上，机能主义是构造主义和行为主义，以及其他现代心理学观点之间的重要过渡学说。

心理学的学说

今天，最早产生的两个学说已经被六个学说所取代。（尽管，直到 20 世纪五六十年代，真正意义上的认知和人本主义"学派"才产生。）

历史沿革可从如下表格看出：

时间表	
构造主义	19 世纪 90 年代到 20 世纪 20 年代
机能主义	1906
学说（"学派"）心理动力学	1896
行为主义	1913
格式塔 / 认知	1912　　　　　　　1960
（"非学派"）人本主义	1950
生理心理学	19 世纪 80 年代
社会文化学	19 世纪 80 年代

前三个学说之所以被称为"学派"，是因为每个观点下都集合了一群有着一致观点的学者。

后三个学说不能称为"学派"，因为它们没有持相同观点的学者团体。但是，它们代表了重要的心理学思潮。

1. 心理动力学说[1]

> "心理动力"（Psychodynamic）的意思是"能动的心理"（active mind）。心理冲突是存在的，特别是在**潜意识**层面。实践中，**心理动力学**通常是指弗洛伊德精神分析理论的应用，以及或多或少地应用它的追随者或反对者的理论，比如荣格、阿德勒、埃里克森、克莱因、拉康等等——这取决于你的个人喜好。

西格蒙德·弗洛伊德（Sigmund Freud, 1856—1939）开创了"精神分析"（1896）这个词，用以描述他在寻找病人的精神问题和治疗时所使用的理论和方法，**精神动力学**也由此产生。

但是，弗洛伊德不仅对精神疾病感兴趣：他毕生都在努力建立一套能够解释人类**所有**行为的理论。虽然他宏大的理论构想最终没有完成，但他的学说也因此更像是一组独立同时也彼此相关的理论。弗洛伊德的学说中包含五个尤其重要的理论。

---

[1] 又称精神分析学说。

1. 意识、前意识、无意识

弗洛伊德用冰山来描述意识的这三个层次。尽管这个比喻并不十分贴切（冰山暗示的是一种固态的事物，而不是具有流动性的事物），但却是一个开始……

意识（浮在水面之上，占 1/7）是我们清醒时能够察觉到的意识状态。

前意识（分界线）包括了我们对梦的记忆，以及口误等。前意识通过人们表现出的想法和行为提供无意识线索。你记得的梦，并不是无意识的直接显露，而是对高度符号化的概念的回忆。这种象征机制保护着我们，使得我们不会因无意识的真实想法而困扰。

无意识（占 6/7）包含着不为人知的欲望、恐惧，以及曾经的创伤性记忆等。所有这些想法都完全隐藏起来，我们无法察觉。这对生存来说是必要的。只有忘记曾经的创伤，才能继续生活下去。我们**永远都**无法直接研究无意识。

在严格的弗洛伊德术语中，用"潜意识"来指代无意识层面是错误的。他坚持认为无意识完全无法观察，也无法为人了解。

2. 力比多

今天，"力比多"通常指"性驱力"。但是这是对弗洛伊德术语的误用，或者至少是过度简化了这个术语的原意。力比多是人们**与生俱来的能量**，它激励着我们，并且使得我们能够生存下去。性行为只是其中一个方面的表现。

弗洛伊德用蒸汽机模型来描述这个概念。

蒸汽 = 力比多

烟囱用于"排放蒸汽"，以防止爆炸。

车轮保证车身"沿轨道行驶"，防止"脱轨"。

我们生来所具有的力比多（"蒸汽"）水平是我们人格的核心。一些人生来的力比多水平比另一些人高。我们如何使用这个能量，也会受到人格（需求和欲望）和行为（工作、爱好和兴趣）的影响。

3. 本我、自我和超我

自我、本我和超我是心理的三个部分，他们具有独立的动机和发展过程，但是通常三者会联合起来帮助我们生存。

本我（Id）最早发展起来。本我与生俱来，并且会独自存在几年。本我遵循**享乐原则**（the Pleasure Principle）——婴儿追求快乐（如：水、食物、温暖、舒适），避免痛苦（如：饥饿、潮湿和寒冷）。本我是自私的，总是追求*及时满足*。

自我（Ego）在两岁左右时候发展起来，遵循**现实原则**。为了生存，有时候我们必须现实起来，为未来打算。因此，本我不能总是得到满足，自我常常需要对抗本我。（Id 是拉丁语的本我，弗洛伊德用的是德语 "das es"，翻译为 Id）。

> 自我总是压抑本我是错误的。有些时候，人们应该"释放自己"，尽情享受。否则，本我就会过度压抑，而在不适宜的情况下释放出来。

> 自我仍然是自私的，即，保护自己不受伤害。

弗洛伊德认为，对那些成长在欧洲诸多行为规范下的人来说，这是一个严重的问题。在这样的环境中，享乐常常受到限制，特别是性。

超我（Superego）大约在三岁时开始发展（在父母的影响下），其发展贯穿整个童年阶段，青春期后完全成熟。

"Super"（超我中的"超"）的意思是"在……之上"。超我，居高临下地监控着"本我和自我之争"。

超我是"良心"和"道德的监督者"。它阻止我们做错事，特别是有违社会准则的事。与本我和自我的自私不同，超我会考虑到他人。

根据我的理论，犯罪行为可能与某些个体从未发展出健全的超我有关。这可以解释为什么这些人不会为自己的犯罪行为感到愧疚和悔恨。

4. 性心理的发展阶段

弗洛伊德描述了人们心理发展必经的五个阶段：

口唇期（0—2 岁）

肛门期（2—3 岁）

性器期（3—6 岁）

潜伏期（6—11 岁）

生殖期（11 岁以后）

前三个阶段对人格的发展尤为关键。

口唇期（0—2 岁）

在这个阶段口唇是快乐的主要来源，这对生存非常重要，婴儿会本能地进行吸吮。通过口唇的满足，婴儿发展出了信任和乐观的人格。

如果缺乏口唇刺激——如果过早断奶——则会发展出悲观、多疑、愤世嫉俗或攻击性的人格。

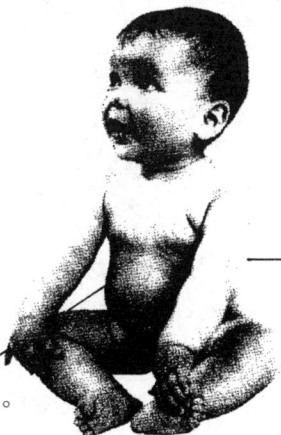

一直停留在这个阶段被称为"**口唇期固着**"。

肛门期（2—3岁）

快乐的焦点转移到了肛门。这会帮助孩子们意识到并学会控制排便，也有利于完成"如厕训练"——即在合适的地点和时间上厕所。父母应该鼓励孩子养成规律卫生的排便习惯。通过自己控制排便，孩子们迈出了独立的重要一步。他们发展出了自信，并且明白了什么时候应该"放弃"。然而，强迫孩子排便，或对时间和卫生的要求过于严格，都会导致人格问题——这取决于孩子的反应。

肛门期固着的案例

强迫儿童排便可能会导致其不愿放弃任何东西。这种人有可能成为一个囤积者或是守财奴——典型的**"肛门滞留型"**人格。

同样的，过分关注"排便规律"可能会导致两种类型的人格——要么过分守时，要么总是迟到。

过分强调卫生可能致使强迫性人格产生，这类人总是关注整洁。或者逆反性地排斥整洁，总是邋里邋遢。

性器期（3—6岁）

儿童开始意识到自己的生殖器（"抚玩自己的生殖器"）和性别间的差异。因此，从这时起，男孩和女孩的发展开始不同了。

俄狄浦斯情结

每一个男孩都无意识地经历了以下亚阶段：

（a）对母亲产生了强烈的性欲。

（b）注意到父母之间的亲密关系（睡在一起）。

（c）嫉妒并憎恨自己的父亲。

（d）开始害怕自己的父亲，怕他会发现自己的真实想法（即，对母亲的性欲，对父亲的嫉妒和憎恨）。

（e）害怕遭到对一个男孩来说的终极惩罚——**阉割**！

我爱你妈妈！我希望爸爸不在这儿……

在这时，可怜的男孩感到绝望，并且迫切地想要解决这个问题。

俄狄浦斯情结的**解决办法**发生在"正常化"的过程中。男孩不得不**认同**，随即模仿自己的父亲。这样能够解决男孩的焦虑，是因为变得像父亲（a）可以得到父亲的喜爱，这样父亲就不会惩罚自己；（b）也可以让母亲也喜欢自己。

认同意味着男孩认同父亲的态度，以及道德准则（超我的发展）和性别角色。

卡尔·荣格*（Carl Jung, 1875—1961）

在社会中，怎样的表现才像一个男人？那么，女孩呢？

他们有恋父情结……

我（无意识地）觉得我已经被阉割了。

因为她的母亲也是这样，所以女孩最终"认同"了母亲，即接受了母亲的道德准则和性别角色。（这个过程相对模糊。）

---

*1906 到 1913 年，荣格与弗洛伊德一起密切合作。之后，荣格觉得弗洛伊德太过强调性。荣格和弗洛伊德关系决裂后，发展了自己的"荣格学说"：**内向和外向**，**情结**，**原型**和**集体无意识**。

5.心理防御机制

我们会无意识地使用很多方式来保护自己不受痛苦想法的伤害。适当地使用防御机制能够帮助我们正常地生活。然而，过度使用会导致心理问题。

在前文中已经提到过两种方式——**固着**和**认同**。

在这一页和下一页，我们会介绍更多的防御方式。

压抑：将不愿面对的想法压抑到无意识中去。这种方式让我们不再回想起恐怖的记忆，我们害怕的事物，或者让我们感到内疚的欲望。过多的压抑会让人感到精疲力竭。人们需要耗费能量（力比多）来隐藏这些无意识中的想法。

因此，有些时候，最好把这些让我们痛苦的想法提升到意识层面，去面对它们，解决它们。

心理分析家的任务是寻找这些困扰着人们的创伤，帮助它们进入意识，并且帮助病人去面对它们。

倒退（也译作退行或退化），即倒退到早期的发展阶段。人们本能地寻求舒适安全的环境，特别是在面对压力时。比如吸吮手指、铅笔和糖果，以及吸烟和喝酒等行为都是**口唇期的倒退**表现。

刺激口唇的需要。

转移是将能量（力比多）转移到其他活动中去。这种防御通常发生在我们遇到做不到或不想做某些事的时候。

比如，如果你遇到了让你感到受挫的事，或者让你觉得讨厌的人，你可能会对着其他人"发泄"。

升华指的是"健康的"转移——通过运动、修整花园等方式来排解压力和愤怒。

其他的防御机制还有：**否认、投射**等。

弗洛伊德的证据

那么弗洛伊德是如何获得支持证据的呢？大多数的证据来自他与病人（如安娜·O，小汉斯，鼠人）的"谈话治疗"，他将治疗过程整理成了"个案研究"。这些个案研究读起来更像是故事，而不是实验研究的结果。

后来的精神分析医师、治疗师和精神病医生也还在采用弗洛伊德的方法。

新弗洛伊德主义的代表人物有：阿尔弗雷德·阿德勒（Alfred Adler，1870—1937）、卡尔·荣格（Carl Jung，1875—1961）、凯伦·霍尼（Karen Horney，1885—1952）、艾里希·弗洛姆（Erich Fromm，1900—1980），以及埃里克·埃里克森（Erik Erikson，1902—1994）。

对弗洛伊德的评价

弗洛伊德治愈了一些病人，或者至少是帮助病人了解和应对他们的问题。他的治疗方法至今仍在精神病学领域中沿用。

弗洛伊德对现代社会有着深远影响，他从根本上改变了人们看待自己和看待他人的方式。

然而，在心理学界，弗洛伊德仍备受争议。很多心理学家不承认弗洛伊德的理论属于心理学，他们因其理论的"非科学性"，或如波普所说的"不可检验"而不予认可。因此，很多心理学学位课程只包括很少一部分的弗洛伊德理论，有些甚至根本不提。很多心理学家更倾向于研究容易被观察和测量的过程——**行为**。

2. 行为主义学说

行为主义的理论根源是哲学思想中的**联想主义**。简单来说，联想主义研究观念之间的连接方式，以及描述行为和解释行为的"规律"。（但是，联想主义没能形成一个学派——只是一个概念。）联想主义是在英国经验主义运动中（我们在前文提到过的，洛克，伯克利和休谟）发展起来的，再向前可以追溯到亚里士多德。

一些重要的心理学家用联想主义来解释**学习**这个心理学的核心问题。

什么是"学习"？

学习是由经验引起的相对持久的**行为变化**。

（"相对持久的变化"排除了暂时的变化，如生病、劳累、醉酒等等。"经验"排除了由基因、成熟、永久性损伤导致的行为变化。）

学习理论——经典条件作用

伊万·巴甫洛夫（Ivan Pavlov，1849—1936）是俄国的生理学家。他于 1890 年建立了实验医学研究所，研究消化。1897 年，他出版了《主要消化腺机能讲义》。

从 1901 年起，我开始研究实验室的狗怎样学习（"有条件的"）在没有食物的情况下分泌唾液……

我听到盘子碰撞的声音或者看到助手时会流口水。

让我们一起看看这个著名的实验是如何实施的……

巴甫洛夫的著名实验

狗被关在一个隔绝声音和气味的房间中。这样，它看不到，听不到，也闻不到助手（！）。实验中，给狗喂食的同时呈现一个声音，并测量狗的唾液分泌量。食物和声音的匹配（**试次**）进行多次之后，即使只呈现声音**不**提供食物，狗**仍**会分泌唾液。

声音——中性刺激（Neutral Stimulus，NS）变成了
条件刺激（Conditioned Stimulus，CS）

严格控制的实验环境

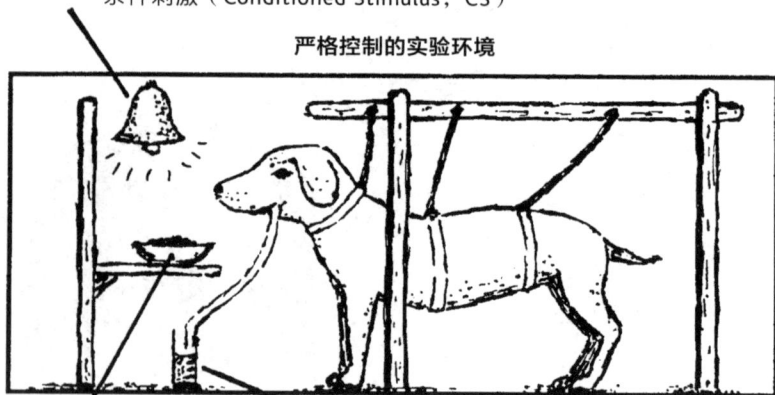

食物——无条件刺激
（Unconditioned
Stimulus，US）

唾液分泌记录——对食物的无条件反
应（Unconditioned Response，UR） 变
成了对声音的条件反应（Conditioned
Response，CR）

完整的条件反射形成过程如下：

形成前	形成中	形成后
铃声 🔔 ——→ 无反应 （NS）	铃声 🔔 ······→ （NS）	铃声 🔔 （CS）
食物 ——→ 分泌唾液 （US）　　　（UR）	食物 ——→ 分泌唾液 （US）　　（UR）	分泌唾液 （CR）

通过这种方法，巴甫洛夫训练狗具有了条件反射，即听到声音就会分泌唾液。

进一步的实验

巴甫洛夫发现当条件刺激（声音）不再与无条件刺激（食物）匹配呈现时，条件反应会逐渐消失——即**消退**。（消失的是反应，不是狗！）在**消退**过程中，狗通常会变得困倦，甚至会睡着。

一段时间过后（一天到两天），当条件刺激（声音）再次出现时，即使没有无条件刺激（食物），狗还是会再次分泌唾液。这种现象被称作**自发恢复**。

巴甫洛夫还发现狗会对相似的声音有反应……

"当对一个特定音调形成条件反射后……狗也会对很多其他的音调有条件反应……这种现象就是泛化。"

"随后我们开始区分圆形和椭圆形：圆形的出现总是伴随着食物……"

"……而椭圆形出现时没有食物。通过这种条件反射训练，我们会观察到分化。"

圆形　　　　　　　　　　　　　椭圆形

行为疗法

让一只狗流口水有什么用呢？尽管巴甫洛夫早期的实验看上去很乏味，甚至微不足道，但是这些实验却极为重要。原因有以下两点。

（1）经典条件作用从实质上解释了所有涉及**反应**的学习行为。这里说的反应包括心率变化、流汗、肌肉收缩等。

（2）由于上述反应都是兴奋的表现，也包括**恐惧**和**性**等。这些反应可以用来解释一些反常或者是不被接受的行为，例如**恐惧症**（Phobias）和**性倒错**（Sexual Deviation）。因而，经典条件作用成为**行为疗法**的理论基础。

举例来说，采用"形成前—形成中—形成后"这个范式，我们就可以解释诸如蜘蛛恐惧症这类的恐惧症是如何形成的。

形成前	形成中	形成后
蜘蛛 ——→ 无反应 （NS） 故事 ——→ 恐惧 （US） （UR）	（NS） 故事 ——→ 恐惧 （US） （UR）	（CS） ↘ 恐惧 （CR）

玛菲特小姐正坐在一个小山丘上吃凝乳，突然有一只蜘蛛爬了过来坐在她身边，把玛菲特小姐给吓跑了！

（注意：如果反应强烈的话，仅**一个试次的配对学习**就能让动物和人建立条件反射！）

有一些治疗方法在这个理论的基础上发展起来。

（1）系统脱敏法

（由 J. 沃尔帕于 1958 年创立。）

这种疗法通过渐进地引入刺激[1]（蜘蛛），并且训练病人在恐惧出现时放松，来逐渐减弱**刺激**（例如，蜘蛛）和**反应**（例如，害怕）之间的联结。

（2）反条件作用法

这种治疗方法是用一组新的联结取代以前的刺激—反应联结，例如：用"蜘蛛—快乐"联结取代"蜘蛛 - 恐惧"联结。具体而言，可以在蜘蛛出现的同时呈现让人感到愉悦的事物（如食物）来建立新的联结。

> 放松可以让人的"敏感性降低"。这有利于人们日后更好地应对此类问题。

> 可以用食物来建立"反条件作用"。

这些疗法可以结合起来使用——这是一种**折衷**的方法。

---

[1] 例如：第一步想象一只蜘蛛，接下来看一只玩具蜘蛛，然后尝试碰玩具蜘蛛，最后再看真实的蜘蛛。

（3）厌恶疗法

这种方法同样是用另一种联结取代当前的联结，不同的是，这种方法是将令人"愉快"的联结替换为令人"不快"的联结，例如催吐剂导致呕吐。

举例来说，为了戒掉烟或酒……

形成前	形成中	形成后
吸　烟　——→　愉快	吸　烟　┈┈┈↘	吸烟
催吐剂　——→　呕吐	催吐剂　——→　呕吐	感觉不适

这个方法可用于纠正任何与反应有关的不良行为——从吃垃圾食品到性倒错（如恋童癖）都可以。

性 图 错

经典条件作用可以解释反常的性行为。让我们以穿胶靴的人为例，看看**恋物癖**是怎么产生的。

形成前	形成中	形成后
靴 子 ——→ 无反应	靴 子 ·····➤	靴 子 ↘
性刺激 ——→ 性反应	性刺激 ——→ 性反应	↘ 性反应

这种条件反射的建立同时也可以包含一些其他的细节。如果靴子上有污泥，那么之后污泥可能也会引起性兴奋！一个**物体**与性之间有了条件作用，就变成了**恋物**的对象。理论上说，**任何物体**都能建立起类似的条件作用。衣物是一种常见的恋物对象，衣物的面料（蕾丝、丝绸、橡胶、皮革等）也可以是。与其他经典条件作用类似，物体伴随着性出现的经历越多，恋物这种行为就会得到越多的强化，变得越强烈。

窥阴癖

因此，经典条件反射可以解释**所有**形式的性倒错行为，包括其形成和发展的原因。例如**窥阴癖**：一个人通过窥视他人来获得性快感。

通常，一个"偷窥狂"（peeping tom）会在偷窥时或稍后进行自慰。

看色情文章、色情影像都是窥阴癖的一种形式。

心理健康忠告：
所有的性行为都具有高度的成瘾性。
（男性由于性的唤起和满足的速度相对于女性更快，
更容易成瘾。）

施虐癖和受虐癖

施虐癖会通过对他人施加身体或心理上的折磨来获得性快感。施虐癖（Sadism）是以萨德侯爵（Marquis De Sade，1740—1814）命名的。此人最终只能通过施虐来得到性满足。

当然，不同的性倒错行为也可能会同时出现。捆绑（被绳索捆绑）和恋物癖通常伴随着施虐癖和受虐癖出现。

恋童癖

这是一种以儿童为对象获得性兴奋的性倒错行为，通常是违法的。（不同国家的定义不同：在西班牙和荷兰恋童的界定年龄只有 12 岁。）

可以通过多种疗法的结合来治疗恋童癖，包括厌恶疗法和反条件作用法。

同性恋

这一行为曾经被看作一种性倒错（例如，在 20 世纪 50 年代的美国），并且被认为可以通过诸如治疗恋童癖的方法来"治愈"。现在，这类所谓的"疗法"已经停止使用了。

桑代克和联结主义

就在巴甫洛夫在前苏联开展研究之前，**爱德华·桑代克**（Edward Thorndike, 1874—1949）在美国也独立展开了联结主义（connectionism）的研究。联结主义是联想主义的另一种形式。

我研究猫，记录它们每次逃脱"迷笼"所用的时间。

笼子里装有一个可以打开笼门的开关。

《动物的智慧：动物联想过程的实验研究》（1898）

猫第一次逃出是通过**尝试错误**（trail and error 试误学习），即尝试很多动作，直到偶然按动杠杆打开迷笼。经过多次尝试后，猫很快在压杠杆和逃出之间建立了**联结**。桑代克发现，一般来说，开始猫逃出需要花费一定的时间，但是经过练习，它们很快就能学会如何迅速逃脱。

学习曲线和定律

桑代克记录了猫逃出所用的时间，并绘制成图，得到了一条"学习曲线"。

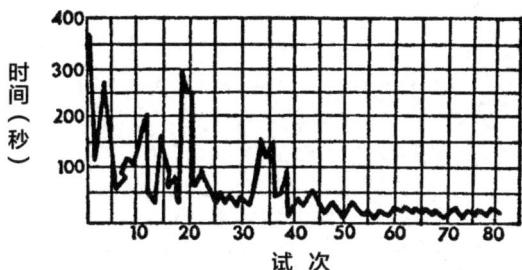

人类学习任何事情的过程也可以画出类似的曲线……

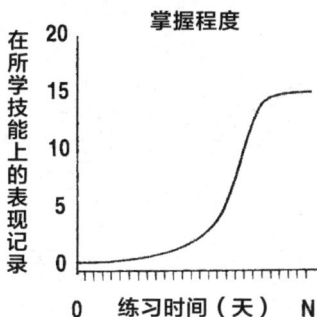

（学习曲线"陡峭"说明个体学习的速度快！）

桑代克总结出了两条学习"定律"：

（1）**练习律**：重复增强学习效果。（或"熟能生巧"。）通过反复背诵来学习诗歌、台词和数学运算表被称作**机械学习**，或者鹦鹉学舌。

（2）**效果律**：奖赏增强学习效果。（或"如果一个动作能让人感到快乐，它就会被重复"。）桑代克发现奖赏（效果律）比单纯的重复（练习律）更有效。

一个全新的学派从联想主义中发展出来。

华生的行为主义

约翰·B.华生（John B.Watson，1878—1958）明确了当时心理学的研究方向，并于 1913 年发表了《一个行为主义者眼中的心理学》，宣告了行为主义的诞生。

> "心理学……是完全客观实验的自然科学。预测和控制行为是它的理论目标。内省不是心理学的核心研究方法。"

并不是所有人都支持这个新的研究方法：反对者包括铁钦纳和麦独孤（McDougall）。然而，总体来看，华生的理论在当时还是非常流行的。他的方法具有极端的"后天"色彩——否认**所有**遗传特征的存在——这顺应了当时美国的时代精神。人们可以被训练成为任何他们想要成为的人。

华生的实验

华生提出的新研究方法不研究意识。他认为情绪只是环境**刺激**和内在可以被测量的**反应**，例如脉搏数、出汗、脸红。

> 华生认为婴儿有三种基本的情绪：
>
> **恐惧**：响声和突然失去支持会导致婴儿害怕。
>
> **愤怒**：限制婴儿的活动会让他愤怒。
>
> **爱**：爱抚和轻轻的摇晃会让婴儿产生爱的情绪。
>
> 其他情绪是这些情绪的混合。

1920 年，华生进行了他最著名的情绪实验——小艾伯特实验。在这个试验中，11 个月大的艾伯特是实验对象。首先，实验者给艾伯特一只白鼠，艾伯特对它并不感到恐惧。随后实验者在艾伯特接触白鼠时用铁锤敲击铁棒制造出刺耳的噪音。

由噪音带来的恐惧导致艾伯特对白鼠有了条件性的恐惧反应。艾伯特将这种恐惧泛化到了相似的物体上，包括兔子、皮草大衣，甚至圣诞老人的胡子。

华生认为，许多成人的恐惧和焦虑都来源于与此类似的童年经历。

那么，华生后来治好艾伯特了吗？

没有。据华生所说，艾伯特后来没能继续参加实验。并且，在实验后不久，华生因为与其助手传出的丑闻而被迫永远离开学术领域。自1921年起，华生开始从事广告事业。

> 我的余生都致力于将行为主义应用到广告业里，去预测和控制消费者的行为。

> 从此，心理学家开始涉足广告业……

> 让消费者对他们现在拥有的东西感到不满……让他们想购买这个新产品！

像驾驶它的医生一样可靠

THE dependability of the Ford car—like that of the family physician who uses it so extensively—has become almost traditional. Instinctively you place a trust in this car rarely, if ever, felt even for a larger, higher-powered automobile. And it is not uncommon to expect from it a far more difficult service.

Such universal *faith* is the result of Ford reliability proved over a long period of years — years in which quality has grown consistently better, while price has been steadily reduced.

RUNABOUT, $260; TOURING, $290; COUPE, $520; TUDOR SEDAN, $580; FORDOR SEDAN $660
All prices F. O. B. Detroit
On Open Cars Starter and Demountable Rims $85 Extra
Full-Size Balloon Tires Optional—Closed Cars $25; Open Cars $45

FORD MOTOR COMPANY, DETROIT, MICHIGAN

Ford
THE UNIVERSAL CAR

伦理

我们不知道后来在艾伯特身上发生了什么，但是现在实验之所以有严格的伦理守则，小艾伯特实验是原因之一。再也不允许做类似的研究了！有趣的是，从小艾伯特实验结束后到20世纪50年代伦理守则颁布之前，所有对华生这项实验的重复都没有成功！

彼得和兔子

然而，小艾伯特实验也的确有所贡献。1924 年，**玛丽·琼斯**（Mary Cover Jones，1896—1987）在听说艾伯特的案例后，以类似的方法治疗了一个害怕兔子的小男孩"彼得"，消退了恐惧和兔子之间的条件作用。

> 我是这样做的：每次彼得吃东西的时候，我就把兔子往他跟前挪近一点，直到他不再害怕，可以抚摸兔子为止。

> 我必须承认，我不再像以前那样害怕这个男孩了……

"彼得"是第一个有记录的行为治疗（**系统脱敏法**）案例，比行为疗法开始流行要早很多年！

华生相信通过条件反射（即情绪控制）和从整体上塑造行为，能够建立一个更好的社会。

如果可以用行为主义自由地养育孩子，那么宇宙都将发生变化……这些孩子会不会有更好的生活方式，更好的思维方法，取代我们建成一个更好的社会呢？他们会不会用更加科学的方法教育孩子，直到这个世界变成一个适宜人类生活的地方？

20 世纪 30 年代到 40 年代，华生的行为主义在几位重要心理学家的推动下得到了长足的发展，他们是托尔曼（Tolman）、格里思（Guthrie）、赫尔（Hull），以及尤为著名的斯金纳。

斯金纳的行为主义

伯尔赫斯·弗雷德里克·斯金纳（Burrhus Frederick Skinner，1904—1990）于 1938 年发表了他第一本著作《有机体的行为》，当时只卖出了寥寥数本。但是 1953 年发表的《科学与人类行为》则相当成功……

与巴甫洛夫研究的经典条件作用不同，斯金纳主要研究不是由刺激引发的非反射行为，或称**自发行为**（voluntary behavior）。

巴甫洛夫和斯金纳的对比	
巴甫洛夫经典条件作用：	斯金纳操作性条件作用
可见刺激 ⟶ 反应（反射）	不可见的 ⟶ 反应 刺激　　　　（非反射）
动物反应 - 但是不能改变环境，**即应答性行为**	动物对环境施加操作，**即操作性行为**

操作性条件作用

斯金纳发明了"操作性条件作用装置"（赫尔给它起了个绰号叫"斯金纳箱"，1933）。斯金纳实验：把一只饥饿的白鼠放进箱中。白鼠会开始混乱且无目的地活动，最后总会偶然碰到杠杆。

1. 起初，不给白鼠食物球（以建立实验基线——控制条件）。

2. 随后，按压杠杆会给予白鼠食物，像一个食物球的自动售货机。

结果，按压杠杆的频率提高了。

我每按一下杠杆，就能得到一个食物球。

正强化。

3. 接下来，按压杠杆后不再给予食物。**但是**，白鼠按压杠杆的行为还会持续一段时间。白鼠已经建立了**操作性条件**作用。

4. 只要偶尔给予食物球，白鼠按压杠杆的行为会无限期地持续下去——即**部分强化**。为确定哪种类型的部分强化最有效，斯金纳研究了不同类型的部分强化法。

部分强化表

斯金纳研究了四种情况。在如下情况下给予白鼠食物球：

1. 固定时间（Fixed interval FI）——例如：每隔一分钟给予食物球

2. 变化时间（Variable interval VI）——例如：给予食物球的间隔时间是变化的，平均为一分钟。

3. 固定比例（Fixed Ratio FR）——例如：每按 20 次杠杆给予食物球

4. 变化比例（Variable Ratio VR）——例如：每次给予食物球所需的按压次数不同，平均为 20 次。

固定比例强化下的反应速度比固定时间的更快。

很正常，这是"计件工作"的基础。

当报酬以完成产品的数量来计算时，人们通常会更努力地工作。

变化比率是最佳的强化方法——在消退前行为反应持续最久，例如在没有强化的情况下，一些鸽子会进行数千次的反应。

反应和强化之间的时间间隔

斯金纳发现反应和强化之间的最佳时间大约是半秒，也就是说要**立即**强化。这一点非常重要。比如说，如果父母要有效地奖励或惩罚孩子，那么他就应该在孩子相应的行为出现后立即去做。

这也是刑罚体系通常不起作用的一个原因。举例来说，一个小偷入室行窃。三个月后……警察才抓住他。一年以后……他才被宣判有罪。这实在是太慢了！但是，根据斯金纳的观点，这并不是惩罚没有效果的唯一原因。

为什么惩罚常常无效

1. 通常，惩罚没有效果是因为他引起的学习反应**更慢**而且**更少**。更好的方法是将奖励（正强化）和撤销奖励（无强化）结合起来。

> 胡萝卜比棒子更有效……

2. 惩罚容易导致个体努力去**避免惩罚**而不是停止不良行为……

> 就像老鼠逃避惩罚，人也会设法不被抓……

3. 惩罚会导致个体将**惩罚**与其实施者联系起来，而不是个体本身的**行为**。

4. 惩罚会训练个体**什么不能做**，但不能训练个体**什么该做**。

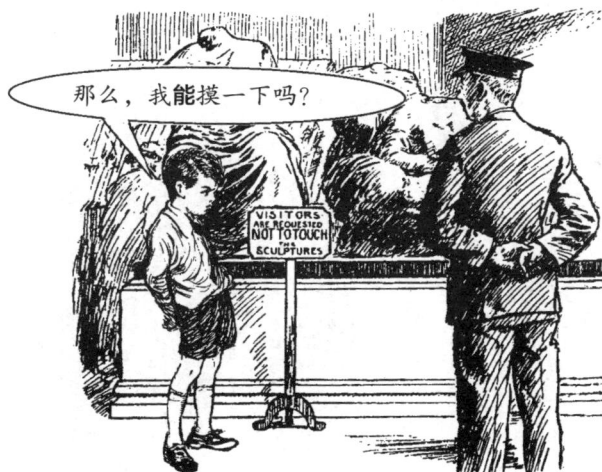

斯金纳还发现很多人（父母、老师、法官……）会对什么是奖赏、什么是惩罚做出错误的推断。

什么是"奖励和惩罚"？

斯金纳发现一些所谓的"奖励"也会有反效果。

同样的，所谓的"惩罚"也可能造成相反的效果。

斯金纳认为，**每个个体都有自己独特的需求**。因此，哪个强化有效，哪个无效，只能通过对特定动物和人进行实验才能确定。

定义——付诸实践

但是，在进行实验之前，我们必须定义清楚这几个名词：正强化，负强化和惩罚。鉴于很多人会草率地使用"奖励"和"惩罚"这类词，斯金纳对它们进行了明确的定义。

正强化：得到让个体感到愉悦的事物，使得个体的某种行为增多（例如食物球之于饥饿的老鼠）。

负强化：个体为避免讨厌的事物而导致某种行为增多（例如白鼠按压杠杆来避免轻度电击）。

惩罚：通过任何令个体讨厌的事物使得个体的某种行为减少。

所以，你可以通过轻度电击防止孩子打架……

为什么不呢？
轻度电击并不会对身体造成伤害——这不像打孩子，打的时候没有办法控制力度，还会导致瘀伤！这就是为什么在动物实验中使用轻度电击。如果有效，那么为什么不能用在孩子，甚至是成人身上呢？

"问题儿童"

斯金纳发现很多被认为有"问题"或者"调皮"的孩子，实际上是正常的、健康活泼的孩子。他们之所以会有所谓的问题，只不过是他们的父母、老师等经常不经意地对他们进行"错误训练"。比方说，倾向于在孩子"调皮"时给予关注（正强化），而忽略孩子的"良好"表现。

即使孩子一直表现"良好"（这通常仅仅是指"安静和不活跃"，不一定是健康的），他们长大后也可能是神经质的——害怕做任何事……

三阶段训练法

斯金纳认为,理想情况下,所有的孩子最初都应该接受正确的训练。(成功的父母自然做到了这一点,无论他们自己是否意识到了。)他设计了一个简单的训练体系,即**三阶段训练法**(The 3-Stage Training Method)。他发现用这个方法训练动物和人都很有效。

1. 确定目标("终末行为", Terminal Behavior)

让狗在看到窗口有人时就叫⋯⋯

2. 确定起点("起始行为", Entering Behavior)

3. 对接近终末行为方向的行为表现给予正强化,同时忽略所有其他的行为。

"做得好极啦!"

只要它吠叫,就给它奖励!"真是条好狗!"

这个方法可以用来训练警卫狗、警犬、导盲犬等等。斯金纳以这套简单有效的方法为基础,设计了矫正行为的方法。

行为矫正

斯金纳认为某些儿童和成人的行为需要加以**矫正**，这样他们才能适应社会，生活得更加幸福、更加充实。对儿童行为矫正来说，改变儿童的行为常常也意味着改变父母的行为。通常，在矫正开始时，心理学家会帮助父母明确哪类行为是他们认为可取的（阶段1），哪些不是（阶段2）。

可取	不可取
用餐具吃饭	乱扔食物
有礼貌地请求	吵嚷着表达需求
不说脏话	说脏话
坐在椅子上	踩在椅子上
在走廊里轻走慢行	在走廊里跑
等等	等等

接下来是第三个阶段，我们要确定采用哪种正强化，要忽略哪些行为。必要的话，还要确定实施何种惩罚。

正强化——表扬、关注、奖励……

惩罚——在走廊里安静地站一分钟——"时间到"。

行为矫正的关键在于"**一致**"和"**坚持**"。"一致"即对特定的行为总是采用相同的强化方式，而"坚持"就是在行为矫正的过程中不可半途而废，必须持之以恒。

行为矫正也应用于治疗精神疾病患者。（包括"标记奖励法"。在这种矫正方法中，代币会被当作奖励给予病人，它可以兑换为实际奖励和权限[1]）

---

[1] 例如，积攒10个代币可以获得一个玩具或可以外出一下午。

斯金纳对教育的贡献

斯金纳提出的"三阶段训练法"不仅用在训练上，在教育领域也被广泛应用。教师需要确定他们希望学生达到的目标，并将之整理为行为目标（Behavioral Objectives）。

> 例如："读完这本书，你应该能够……
> ——**陈述**心理学的简单定义
> ——**描述**三种心理学家的工作
> ——**比较**心理学和精神病学、社会学的异同
> ——**列举**最少七位著名的心理学家等等"
> 注意：行为目标必须具有**可测量性**，不能用模糊的词描述目标，例如"熟悉""知道""领会""理解"……

对个人而言，设置"行为目标"也是设定学习目标的有效方式，甚至对设立**所有**生活目标都有帮助。

> **任务**：在一张白纸上，写下你五年后想要达到的确切目标。不要模糊地描述。不要只用"富有"，或者"成功"之类的模糊描述……而要用可以测量的描述，"资产达到 _____"，或者"在 _____ 方面取得成功"。

我相信人们能够改善自己的生活。

我用下午听音乐的方式来强化早上工作的习惯！

斯金纳相信社会可以变得更美好（正如他在乌托邦小说《桃园二村》中所描述的，1948）。只要我们每个人通过条件作用保持好的**习惯**，社会就能够变得更好。

然而，斯金纳的学说并不是最后的行为主义理论。此后，一种更为"温和的"理论发展了起来，用来解释没有受到明显强化的行为。

社会学习理论

并不是所有人都同意华生和斯金纳的激进行为主义理论——即所有的行为都可以通过刺激、反应和强化来解释。因为，在对行为进行解释时，心理（认知）过程也非常重要。

通过在实验室条件下研究社会交往，**朱利安·罗特**（Julian Rotter，1916—）创立了**社会学习理论**（1947）。他认为，人们对自己行为的效果有某种**预期**（EXPECTATIONS），比如说对行为带来的某种强化的**预期**。此外，人们会为行为和强化赋予自己认为合适的**价值**（心理学中称为效价，VALUES）。罗特认为关键的问题在于：**你的控制点在哪里**？

根据所受养育方式的不同，人们的控制点可以分为两种基本类型……

你

是哪一种类型？

1. **内控型** 内控型的人认为强化的获得取决于自身的努力——他们认为自己能够掌握自己的生活，并且依此行事。这类人在生理和心理上都更健康，并且更擅长社会交往。他们的父母的抚养方式是支持型的，善于称赞他们，对他们的行为训练是一致的，并且不专制独裁。

2. **外控型** 外控型的人认为强化的获得取决于外部因素——他们很少尝试改善自己的生活。

波波玩偶实验

艾尔伯特·班杜拉（1925—）在 20 世纪 60 年代创立了另外一种行为主义，起初称为"**社会行为主义**"，后来发展为"社会认知理论"。行为并不总是需要直接的强化才会产生。我们可以通过**观察**他人的行为以及该行为的后果来学习。这种重要的间接学习方式被称作"替代学习"或者**观察学习。**

在最简单的观察学习实验范式中，班杜拉（1963）的实验对象是两组儿童。

> 实验组的儿童看到成人在房间中对充气"波波"玩偶暴力地拳打脚踢。

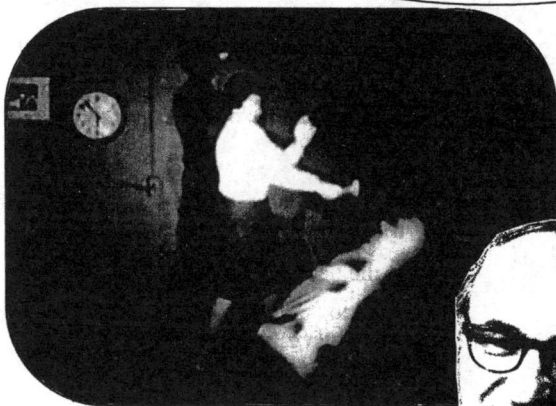

> 而控制组的儿童看到成人非暴力地对待玩偶。

随后，每个儿童被单独留在房间中，实验者通过摄像监控来观察他们的行为……

班杜拉实验的结果

在没有任何直接鼓励的情况下，实验组儿童的攻击行为明显多于控制组。

结论：即使没有明显的强化，儿童也会自发地**模仿榜样**的行为。

这也是儿童更容易模仿暴力行为的一个早期例证。在班杜拉后续的实验中，他让儿童观看影片中真实人物的暴力行为或卡通的暴力行为，实验结果清楚地表明影视中的暴力行为对儿童有强烈的影响。（尽管这些实验并没有研究暴力影片的长期影响。）

模仿和**榜样**在心理治疗中也很重要。

"模仿学习疗法"

像斯金纳一样，班杜拉也将自己的研究用于解决实际的问题——矫正异常或不良行为。在心理治疗中，治疗师扮演榜样的角色，给病人示范如何做。例如，治疗蜘蛛恐惧症……

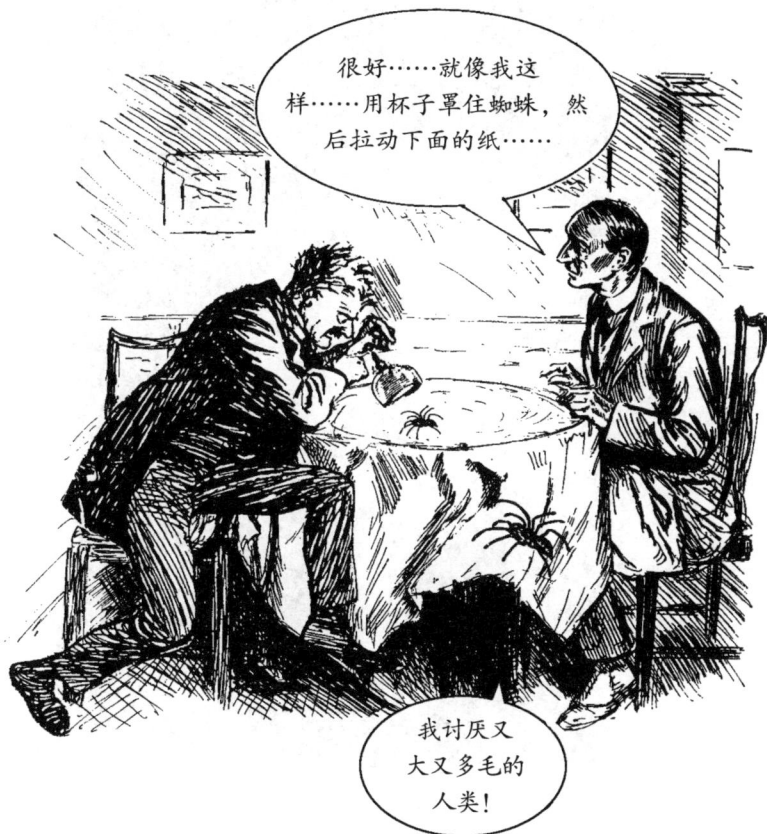

> 很好……就像我这样……用杯子罩住蜘蛛，然后拉动下面的纸……

> 我讨厌又大又多毛的人类！

榜样治疗法可以用于治疗恐惧症，强迫症，性心理问题，焦虑症等。**教育和训练**也能从中受益：教师和训练者可以作为学生模仿的"榜样"。

因此，行为主义最终变得不那么强调机械论，更加注重认知的作用——通常被称作"新行为主义"。但是这一改变出现得太迟，已经无法改变人们早期对行为主义的抵制了。

3. 认知学说

"认知"主要指"思维"，包括感知、记忆、语言和问题解决等等。一般来说，认知学说被视为与激进行为主义对立的观点。

"心灵"并不存在，至少花费时间去研究它是一种浪费。因为（a）心灵无法被观察；（b）行为反应包含的信息已经足够多了！

好吧，他可能没有"心灵"——但是我有！

从严格的历史角度上看，"真正"的认知心理学思潮直到 20 世纪 50 年代才出现。但是，很早就有观点认为心理过程非常重要——例如：结构主义、机能主义，特别是格式塔学派。正因如此，本书的"认知学说"部分中包括了**格式塔主义**（尽管他们经常被分开讨论）。

格式塔心理学

心理学起源于德国，但却是在美国通过结构主义、机能主义和行为主义得到了发展。而在行为主义盛行美国的时候，却是在德国发展出了反对行为主义的主要力量——格式塔主义。格式塔主义的主要代表人物是维特海默（Wertheimer），考夫卡（Koffka）和柯勒（Köhler）。（似乎是命运的安排，在 20 世纪 30 年代，他们为了逃离纳粹的迫害，最终还是来到了美国。）他们尤其反对冯特提出的"元素主义"。

我看到了……一个长方形……一些黑色的字母……两只眼睛……一只蝴蝶……一个符号……

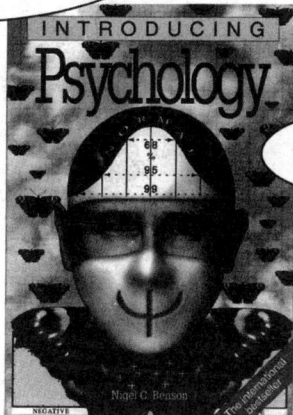

我看到了一本书的封面……

整体大于部分之和。

冯特主义者

格式塔心理学者

"格式塔"是什么意思？

"格式塔"一词并没有确切的翻译（因此我们直接采用了音译。）但是，"格式塔"大致可以被理解为"形式""形状""模式"等，其强调的关键是"整体"。

具有主动性的意识

格式塔心理学家认为意识是具有**主动性**的，并且它会一直从我们感知到的信息中寻找**意义**。格式塔心理学家主要研究视知觉中意识的作用，例如在识别面孔时意识扮演的角色。

在一个陌生的场合，我们会倾向于寻找熟悉的面孔，甚至会把陌生人认作熟人。

格式塔主义的思想源头——特别是强调感知的整体性——可以追溯到康德。

"在知觉过程中……我们会遇到感觉元素，这些元素在先验形式中是被有意义地组织在一起的……据此，意识创造出一个完整的经验。

格式塔心理学家

马克思·维特海默（Max Wertheimer，1880—1943）在 1912 年发表了论文《视见运动的实验研究》（*Experimental studies of the perception of movement*），宣告了格式塔心理学的诞生。这篇文章主要研究似动错觉，即快速呈现的一系列静止图片看上去是连续的运动。这就是电影的原理——每秒呈现 28 帧图像。文章的核心实验如下：

似动现象（Phi Phenomenon）

维特海默设置了一个简单的装置，有两盏灯，灯光从两个缝隙当中透射出来。

> 快速地交替开关两盏灯（间隔仅为 60 秒），我制造出了一种错觉：好像只有一盏灯在左右移动——这就是似动现象。

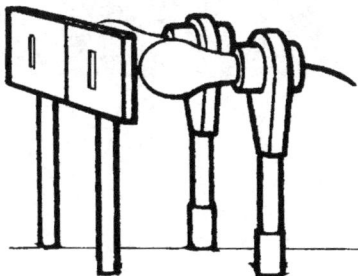

维特海默这个简单的实验有两个重要意义：

1. 驳斥了冯特的观点：

依据这个简单的实验，维特海默认为似动现象仅存在于知觉过程中——**不能**被进一步细分。

2. 干净漂亮地证明了**整体大于部分之和**。

今天，似动现象得到了广泛的应用——例如，霓虹灯广告牌。

在维特海默的研究中，有两个博士研究员协助了他的工作……

考夫卡和柯勒

1922 年，**库尔特·考夫卡**（Kurt Koffka，1886—1941）出版了《知觉：格式塔理论导言》（*Perception：An Introduction to Gestalt-Theorie*），确立了格式塔心理学的基本概念。然而这本书的标题却容易引起误会，因为事实上格式塔主义涵盖的内容非常宽泛——包括学习和思维。考夫卡的《格式塔心理学原理》（*Principles of Gestalt Psychology*，1935）**更**具权威性。

沃尔夫冈·柯勒（Wolfgang Köhler，1887—1967）是格式塔心理学的主要发言人。他曾经和现代物理奠基人马克思·普朗克（Max Planck）一起工作，这段经历深刻地影响了他的研究方法。柯勒从 1913 年起，在加那利群岛的特内里费岛上研究黑猩猩。这是他最为著名的研究。显然，第一次世界大战的爆发将他困在了那里。

> 我在那里工作了七年……

> 有《人猿的智慧》（*The Mentality of Apes*，1927）一书为证。

回到德国后，柯勒又撰写了一部格式塔心理学的经典著作《静止和固定状态中的物理格式塔》（*Static and Stationary Physical Gestalts*，1920），以及一部综合性著作《格式塔心理学》（*Gestalt Psychology*，1929）。

柯勒的研究为我们提供了第四个重要的学习理论（与巴甫洛夫的经典条件作用，斯金纳的操作性条件作用和班杜拉的社会学习理论并列）……

顿悟学习理论（或"认知学习理论"）

柯勒设置了一些简单的问题解决任务让黑猩猩去完成。例如，他在黑猩猩的笼子外放了一些长短粗细不一的空心竹棍，并且在黑猩猩够不到的地方放了一块水果——

> 一段时间过后，一只名叫苏丹的黑猩猩将较细的竹棍接到较粗的竹棍后面，做出了一根更长的竹棍。然后，用这根长竹棍去够香蕉。

这种自发地分析问题情境，并突然找到解决方法的现象，柯勒称之为**顿悟**（德文：Einsicht）。顿悟也常被称作"啊哈"现象[1]。作为一个学习理论，顿悟学习之所以重要是因为它与其他三个学习理论不同，强调了思维过程的重要性。人类可以通过**思考**来学习，而不仅仅是通过（"不动脑子的"）条件作用或者模仿来学习。动物也是如此。

---

[1] 人们在突然想到解决问题的方法时，会情不自禁地说："啊哈！"

格式塔知觉原则

格式塔心理学家，尤其是维特海默，深入研究了视知觉，以及与之相关的其他感觉。知觉包含两个要素，一是感官（比如：视觉），二是大脑（思维）。

维特海默认为，在知觉一个物体的过程中，我们产生了对物体**整体**的认识，或是对物体**模式**的认识——而不是一系列独立感觉的简单总和。具体例子如下：

1. 邻近性

—— 由于这些点紧密地排列在一起，因此它们被知觉为一条直线。这就是"邻近律"。

2. 连续性

—— 我们更倾向于将这个图形知觉为两条交叉的曲线，而不是两个 V 字图形。

3. 相似性

—— 我们更容易看到由相似图形组成的列，而不是由不同图形构成的行。

4. 封闭性

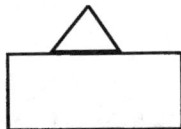

—— 缺失的部分会被当作隐藏的部分，或者是偶然缺失的。

5. 完形律（即完美律，或简单律等）

——当事物以对称、简单、稳定的状态存在时，我们会获得一种"完美的"或者是"恰当的"知觉感受。

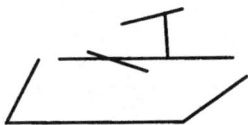

良好完形　　　　　　不良完形

6. 前景／背景错觉

我们倾向于将一些事物知觉为前景，而将另一些事物当作背景。如果前景和背景的视觉线索比较**模糊**，我们就会在两种知觉中来回切换。

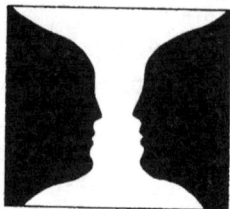

盯住换面的中心
10 秒……你能停止"切换"
前景和背景吗？

鲁宾之杯可以被看成一只杯子或两个侧面的面孔，知觉到二者的几率基本是均等的。

其他**两歧图形**可能会通过特定的方式被知觉，哪个部分被知觉为前景，取决于观察者的个人经验和期待（即**心理定势**）。

年轻人倾向于先看到
一位年轻的女士！

你先看到
了什么？

错觉简单直接地证明了"意识的主动性"……

这些知觉方式也存在于**其他感觉**中。在听知觉中，一段旋律听上去是一个"整体"，而不是一系列单独的音符。即使是很简单的曲调也能有深刻的含义！

思维的各个方面都具有这些格式塔的特征——情绪（例如，受到"整个事件"的打击），人际交往（例如，另一个人的"整体特征"），以及社会（例如，"整个群体"的作用）等等……

格式塔的应用

治疗

格式塔心理治疗师把人作为一个"整体",而不是心理问题的特定表现和症状。一个人的心理问题可能是整体生活状态不健康,包括他的工作状态、家庭生活、饮食习惯、运动、活动和兴趣等。"整体医学"也采用了类似的理念。

教育

根据格式塔心理学的观点(见维特海默的《创造性思维》:*Productive Thinking*, 1945),学生将学习情境知觉为一个整体。

此外,教师还应该⋯⋯
1. 开展激发学生思考的活动;
2. 将重点放在解决问题的一般原则上,而不要囿于精确的细节;
3. 鼓励创新,而不是机械的重复。

因此,教师需要在学习开始时介绍学习内容的概况或框架,并在学习结束后进行总结,从而将学习情境作为一个整体呈现给学生。

场论

库尔特·勒温（Kurt Lewin，1890—1947）将格式塔主义扩展到了更多的心理学领域中，包括需求、人格、社会影响以及动机。其中，以格式塔为视角的动机研究尤其重要。在柯勒的引导下，勒温也深受量子理论先驱马克思·普朗克（1885—1947）的影响，他借用物理学中的**场论**来研究人所处的情境。

19 世纪以后，物理学家们不再关注物质的单个成分（例如：原子），而是更多地关注"力场"——即有力作用的区域或空间，比如磁场、电场等。

你真有吸引力！

N

S

同样的，每个人都生活在一个"心理场"中——即处在一个"生活空间"里。

勒温设计了一个图标，标注了人生和环境的过去、现在和未来——包括动机、障碍、外界影响、人际关系、个人理想等。这有助于人们理解，尤其是保持个体和环境的**平衡**（Equilibrium）。

"一个想成为医生的男孩"的生活空间（勒温，1936）

P= 作为一个个体的男孩

ce= 大学入学考试

c= 大学

m= 医学院

i= 实习期（助手）

pr= 开始亲身实践

G= 目标，即医生

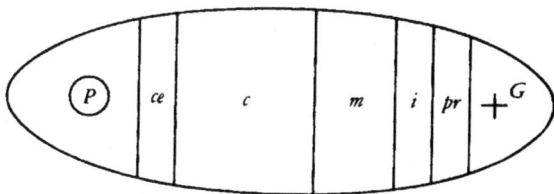

除了个体行为的研究外，勒温也将他的理论运用在群体行为的研究中：社会场中包括亚群体、沟通渠道、界线和目标等。

勒温还在男孩群体中进行了三种"领导风格"的经典研究：独裁型，民主型和放任型（勒温，怀特，1939）。

结果表明，在民主型领导下，小组的工作效率更高，男孩们能够更好地独立完成任务。

现在，勒温的理论被广泛地应用在教育、心理治疗（如：团体治疗）和管理领域中。

认知心理学思潮

我们今天所认识的认知心理学在上世纪 60 年代才发展起来，标志是 1960 年布鲁纳（Bruner）和米勒（Miller）在哈佛建立了"认知研究中心"；以及 1967 年奈塞尔出版《认知心理学》（*Cognitive Psychology*）——这本著作"创立了这个领域，并确定了这个领域的名称"（戈尔曼，1893）。

在认知心理学产生的理论背景中，不仅有格式塔心理学家的工作，也包含很多其他重要心理学家的努力——例如：格里斯（Guthrie）、托尔曼（Tolman）等反行为主义的心理学家，以及皮亚杰（Piaget，在后文中有介绍）。

乔治·米勒（George Miller，1920—2012）是一位著名的反行为主义者。

乌尔里克·奈塞尔（Ulric Neisser，1928—2012）也反对激进的行为主义方法。

他因《认知心理学》一书而被誉为"认知心理学之父"。他将**认知**定义为"感觉输入信息经历转换、分解、精加工、存储、提取和使用的过程……认知过程几乎与人类的各种行为都有关"。

当时，计算机技术的进步对认知心理学产生了极大的影响，主要表现在两个方面：

（a）"计算机模型"

将心理视为一种计算机：

硬件＝大脑　　　　　　　　　软件＝思维（语言）

输出动作

数据处理

记忆
（一般）

记忆
（运动）

输入
感觉

输入
视觉

输入
听觉

输入

这种类型的比喻并不新奇，相反它有着悠久的历史。比如，在17世纪，人们将心理比作钟表。大体上，人们倾向于用当时最先进的技术作为人类心理的喻体。像大部分的比喻一样，将心理比作计算机对人们理解心理有一定的作用，但是如果仅从字面上理解也会产生问题。因为事实上，即使是世界上最先进的计算机和人类的大脑比起来也还有很大的局限。

（b）利用电脑进行研究

利用电脑收集、比较和分析数据，促进了整个心理学领域的发展。但是，在认知心理学领域却有过度使用电脑作为研究工具的倾向（这一说法尚有争议）：在实验室中，研究者经常使用计算机程序对个体进行测试。

尽管认知心理学还存在这些问题，但是在实际应用中认知因素还是得到了广泛关注——涵盖教育、临床、社会、工业和组织心理学领域。

然而，强调人类个体属性的研究有其独特的方法。

4. 人本主义学说

人本主义心理学也是在 20 世纪 60 年代发展起来的（与认知心理学思潮同属一个时期）。在美国，它被认为是继精神分析和行为主义之后的"第三势力"。

人本主义的主要观点：

1. 关注**个人**，尤其是强调**个人选择**：自由意志，创造力，自发性。

2. 强调**意识**经验。

3. 与**人性**完整有关的一切。

人本主义心理学的理论基础可以追溯到多个学派心理学家的观点：威廉·詹姆斯，格式塔心理学家，以及一些新弗洛伊德主义者，如阿德勒、荣格、霍妮、埃里克森和艾尔伯特。

现象学也是人本主义心理学得以发展的理论源泉。现象学主要研究即时体验，是格式塔心理学的前身。

但是，很多人不愿承认这一点！

人本主义心理学的研究方法可以被视为广义现象学中的一部分。

但是，无论过去如何，20 世纪 60 年代的时代精神都赋予了人本主义心理学蓬勃发展的土壤。

人本主义心理学的哲学观

人本主义心理学家比任何人都反对行为主义，他们认为行为主义非常狭隘——仅把人看作依照程序行动的机器。

他们反对弗洛伊德主义者过度关注精神疾病，以及人性的阴暗面——痛苦、嫉妒、憎恨、恐惧和自私。

相反，人本主义希望能够更多地关注心理健康，以及积极因素对心理健康的贡献，例如幸福感、满足感、入迷、善良、关心、分享、慷慨等。

马斯洛和罗杰斯这两位心理学家都非常认同这个观点。

马斯洛

亚伯拉罕·马斯洛（Abraham Maslow，1908—1970）被誉为人本主义心理学的"精神之父"。最初他是一个积极的行为主义者，后来却渐渐地对行为主义感到不满，认为其研究方法有很大局限——特别是行为主义看上去无视了"真正的人"。

马斯洛受到了两个重要人物的启发和影响，他们是马斯洛的老师——人类学家鲁斯·本尼迪克特（Ruth Benedict）和格式塔心理学家马克思·维特海默。

因此，我开始探索为什么那些"健康的个体"可以实现"完美人性"。随后，我研究了很多著名的人物，力图发现他们的模式和共同特征。

依据这个研究的结果（发表在《动机与人格》，*Motivation and Personality*，1970 和《人性能达到的境界》，*The Farther reaches of Human Nature*，1971），马斯洛提出了**自我实现**理论：自我实现是一种动机，这种动机每个人都有，存在于人类的天性中，即利用自己的天赋，发展自己的能力，从而去**充分发挥自己的潜能**。每次我们所体会到的发挥潜能后的满足感，被称作一次**高峰体验**。

为了达到自我实现，我们需要满足不同的低层次"需求"。

需求层级理论

只有当一个层次的需求得到满足后，下一个层次的"需求"才能成为激励我们的动力。

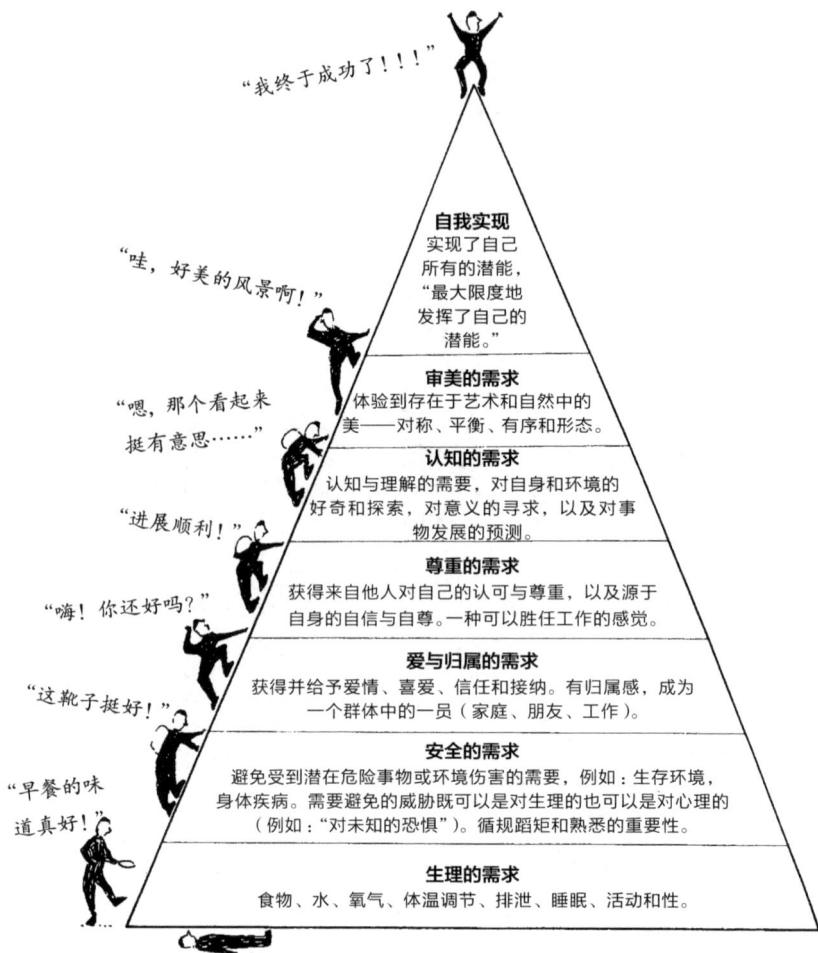

"我终于成功了！！！"

自我实现
实现了自己所有的潜能，"最大限度地发挥了自己的潜能。"

"哇，好美的风景啊！"

审美的需求
体验到存在于艺术和自然中的美——对称、平衡、有序和形态。

"嗯，那个看起来挺有意思……"

认知的需求
认知与理解的需要，对自身和环境的好奇和探索，对意义的寻求，以及对事物发展的预测。

"进展顺利！"

尊重的需求
获得来自他人对自己的认可与尊重，以及源于自身的自信与自尊。一种可以胜任工作的感觉。

"嗨！你还好吗？"

爱与归属的需求
获得并给予爱情、喜爱、信任和接纳。有归属感，成为一个群体中的一员（家庭、朋友、工作）。

"这靴子挺好！"

安全的需求
避免受到潜在危险事物或环境伤害的需要，例如：生存环境，身体疾病。需要避免的威胁既可以是对生理的也可以是对心理的（例如："对未知的恐惧"）。循规蹈矩和熟悉的重要性。

"早餐的味道真好！"

生理的需求
食物、水、氧气、体温调节、排泄、睡眠、活动和性。

就像是一架梯子，从底层开始，当一层"需求"得到满足后，下一层的"需求"才可以成为我们的动力。每天，我们每个人都会沿着这个梯子上上下下，达到不同的层级，最后返回底层。

需求层级理论的应用

教育：指导教师调动学生的学习动机；帮助学生制定学习计划（设定目标，循序渐进）

治疗：帮助病人了解自己以及他人的需求（对爱和情感的需求，自尊的重要）。

管理：培训管理者，让他们了解员工的需求，懂得如何激励员工（员工对良好的卫生环境和就餐环境的需求，对称赞和鼓励的需求，等等）。

> 那么，马斯洛发现了哪些健康个体的特征？

心理"健康"的人会表现出：
1. 对现实有客观的认识
2. 接纳自己的天性
3. 全身心地投入到一项工作中
4. 行为自然坦率，情感自然流露
5. 独立；有自主和独处的需要
6. 有过强烈的神秘体验或高峰体验
7. 对全人类都有爱心，对他人的遭遇都感同身受，关注社会。
8. 拒绝墨守成规
9. 具有民主精神
10. 富有创造性

这里顺便提一下，马斯洛发现人群中仅有 1% 的人是自我实现者，他们通常都是中年或者更为年长的人。当然他们都不会被精神问题困扰！

但是，任何人，只要在自我实现上努力，都可以有高峰体验！这是罗杰斯（Rogers）希望帮助人们实现的境界。

罗杰斯

卡尔·罗杰斯（1902—1987）也发展出了一套自我实现理论。与马斯洛的自我实现理论很相似，罗杰斯的理论也强调实现自我潜能的内在驱动力。但是二者也存在着细微的区别：罗杰斯更关注自我实现的过程，而不是自我实现后的状态——因此，他更倾向于使用"**实现自我**"（self Actualizing）这个术语，而不是马斯洛用的"**自我实现**"（self Actualization）。

此外，罗杰斯认为童年时期的教养经历，尤其是母亲在其中扮演的角色，是塑造成年后人格的关键因素。

> 健康的人格源自母亲无条件的爱——即无条件的"积极关注"。相反，"有条件的积极关注"会限制自我的发展。

在罗杰斯看来（1961），心理健康的人：
1. 开放地对待所有经历
2. 具有时刻保持生活充实的能力
3. 坚持自己的直觉，不为他人意志所左右
4. 保持思维和行为的自由，例如：自发自愿，灵活性
5. 具有创造力

罗杰斯疗法

罗杰斯发展出了一套心理治疗方法，称作**以人为中心疗法**（Person Centred Therapy，PCT；或"来访者中心疗法"）。

PCT 的精髓是将改善来访者生活的责任放在来访者（不是"病人"）自己身上。这种方式打破了精神分析疗法，行为主义疗法，以及整个医疗领域的常规——病人接受"医生"（或者其他"专家"）的"诊断"，并接受"治疗"。在罗杰斯疗法中，心理治疗师并不负有改变来访者的责任。

> 来访者必须清醒理智地判断他们自己有哪些问题，应该如何解决这些问题。

> 心理治疗师更像是一个给予来访者倾听和鼓励的挚友或顾问，与来访者保持着平等的关系。

自我概念

罗杰斯特别强调**自我概念**扮演的角色。他认为自我概念由三个部分组成：**理想自我，自我意象**，以及**自尊**。

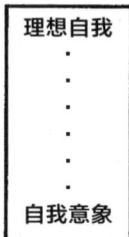

> 自尊由理想自我和自我意象之间的差距决定。

理想自我
·
·
·
·
·
·
自我意象

差距大 = 低自尊

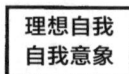

> 因此，可以通过提升自我意象、降低理想自我，或者两者结合的方式来改善自尊。

理想自我
自我意象

差距小 = 高自尊

罗杰斯的方法对心理治疗产生了重要的影响，同时也深刻地影响了公众的"自我完善"。不幸的是，多年来，很多打着心理学旗号的江湖骗子也搭上"人类潜能"的便车，带来了很多负面影响。此外，因为缺乏进一步支持该学说的科学理论或研究，人本主义运动仍然不能被称为一个"学派"。

不过，接下来的两种学说也不能被称为学派。

5. 生理心理学学说

生理心理学（Bio-Psychology），也被称为生物（Biological）心理学、生理（Physiological）心理学或者神经（Neuro）心理学，它研究身体，特别是**脑**的神经活动和**化学**活动，通过这些生理活动来描述和解释人们的行为。

> 生理心理学由生理学发展而来，在心理学诞生之初就已经存在了。

> 生理心理学的发展与人体观测技术的进步息息相关——从早期的光学显微镜技术到如今的扫描成像系统技术。

虽然不是一个学派，但生理心理学有着极强的**还原主义**倾向——将行为还原为与之有关的神经和生物化学活动。绝大多数生理心理学家认为，"心理"和"意识"只不过是大脑的活动。一些生理心理学家（例如：赫布，普里布拉姆）认为心理学实际上是一门生物科学。

生理心理学家的共同兴趣是研究脑部不同区域的功能，一般被称为**功能定位**。

脑的区域和构造

简单来说，脑可以分为**皮层**，**皮层下**结构，以及**两个半球**。让我们从"区域功能"的角度来了解一下大脑。

1. 大脑**皮层**或**皮质**（源于拉丁文的"树皮"一词，由表面的沟回结构而得名），它占脑的 80%。人们像描绘地图一样，尽可能合理地描绘了大脑皮层的结构。

左半球的大脑皮层

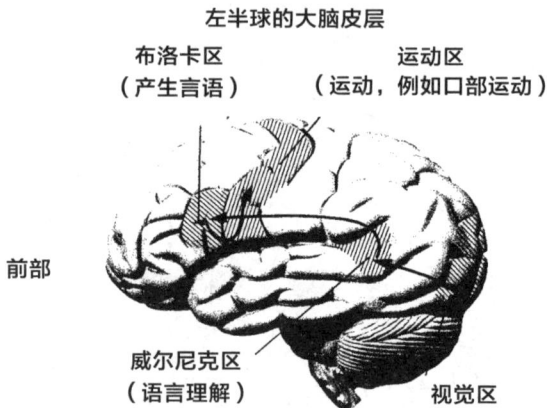

布洛卡区
（产生言语）

运动区
（运动，例如口部运动）

前部

威尔尼克区
（语言理解）

视觉区

2. 下面是一张显示了**皮层下**结构的大脑截面图，并标注了基本的功能结构。

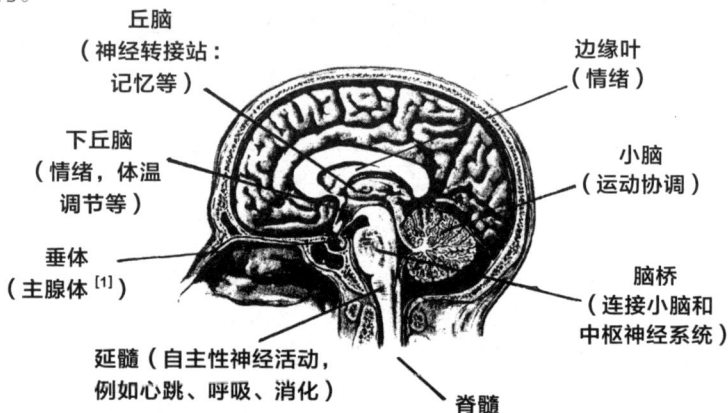

丘脑
（神经转接站：
记忆等）

边缘叶
（情绪）

下丘脑
（情绪，体温
调节等）

小脑
（运动协调）

垂体
（主腺体[1]）

脑桥
（连接小脑和
中枢神经系统）

延髓（自主性神经活动，
例如心跳、呼吸、消化）

脊髓

---

[1] 调节身体激素分泌的总控制腺体。

3. 大脑由两个**半球**组成，通过一个神经纤维结构——胼胝体——相连。在正常人中，两个半球的功能有一定的分化。通常，左侧半球控制身体的右侧，而右侧半球控制身体左侧。

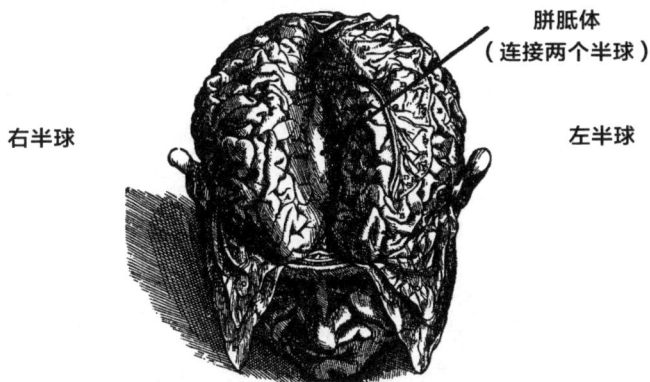

胼胝体
（连接两个半球）

右半球　　　　　　　　　　　　　　　　　　　　**左半球**

此外，大多数人的左半球与语言能力有关（例如：理解和产生言语），而右半球与视觉空间能力有关（例如，绘画，模式识别，使用地图）。

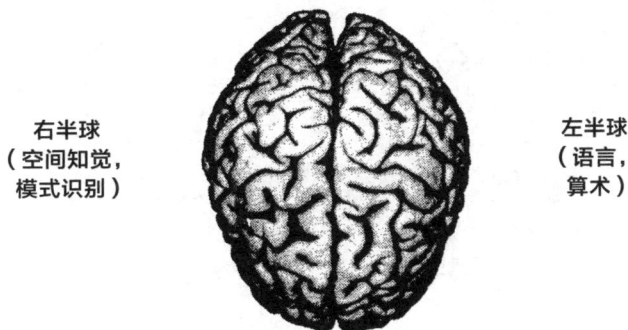

右半球
（空间知觉，
模式识别）　　　　　　　　　　　　　　　　　　**左半球**
　　　　　　　　　　　　　　　　　　　　　　　　（语言，
　　　　　　　　　　　　　　　　　　　　　　　　算术）

一些人认为，我们常常会忽视对右脑的充分利用（参考贝蒂·爱德华的《用右脑绘画》（Betty Edwards，*Drawing on the Right Side of the Brain*，1979）。也有证据表明不同性别的人在大脑功能上有差异。在语言功能上，男性更多体现出左半球优势；女性更多地体现了双侧半球功能的对称性（Kimura，1987）。

"割裂脑"实验

1964 年，罗杰·斯佩里（Roger Sperry）发现，在切断胼胝体的情况下，似乎大脑的两个半球是独立工作的。后来，研究者尝试用斯佩里在动物身上进行的这种实验来治疗癫痫病人——通过切断大脑左右两半球的连接，阻止破坏性的"大脑风暴"从一个半球到另一个半球。在这些"裂脑"病人中，癫痫发作的破坏性似乎得到了缓解。但是，有时候这些病人会有些很古怪的表现，就像是同时受到两个独立意识的支配。

一个愤怒的病人想要用一只手去打他的妻子……

但同时，却试图用另一只手保护她（Gazzaniga，1970）。

（这里需要澄清一下，割裂脑和"精神分裂症"完全无关。精神分裂症常被错误地描述为"人格分裂"[split personality]，而事实上，准确的描述应该是"人格破损"[fractured personality]。真正的"人格分裂"，又名"多重人格"[Multiple personalities] 是极为罕见的。）

脑研究

功能定位可以用来解释很多活动（例如，感觉功能、运动功能），但是不能过度拓展这个概念。因为事实上，很多脑活动需要多个脑区的协同工作。此外，临床个案研究也表明，在很大一片脑区受损或缺失的情况下，受损或缺失脑区所承载的功能会由其他脑区接管。

现在，人们可以通过一些非侵入性的技术研究大脑。**脑电图**（EEG 或 Electro-Encephalogram）是一种成熟的大脑活动测量技术（由汉斯·伯杰发明，1929）。利用脑电图技术，研究者可以在不造成任何伤害的情况下，测量清醒的被试者的脑活动。

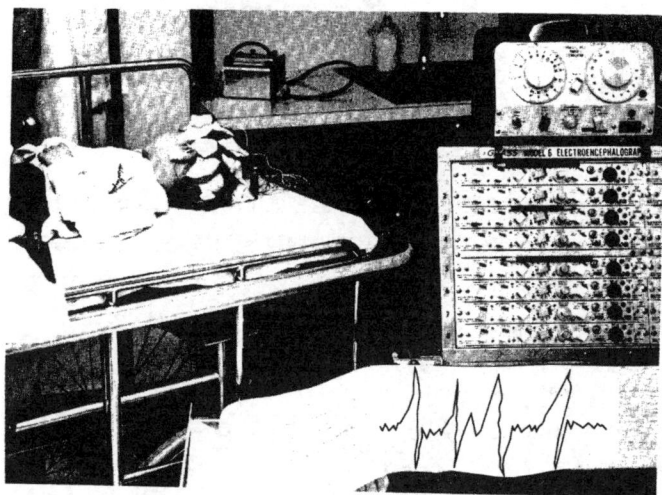

通过将表面电极放置在头皮上（不需要剃除头发），脑电图可以记录到颅下大脑皮层的神经电活动，并将其信号放大，呈现在仪表或记录纸上。上图就是一个检测癫痫迹象的标准测试。记录纸上频繁出现的波峰尖锐的脑电波型预示着癫痫发作即将发生。

然而，除了一些明显可读的信号（例如：癫痫、死亡），**脑电图**信号的含义很难被"读取"！但是，现在还有其他非侵入性的技术帮助我们研究脑。

其他脑研究技术

（a）血管造影：是将显影剂注入血管，通过显影剂在 X 光下的成像获得血管的图像。因此，这项技术仅限于研究血管及血液活动。

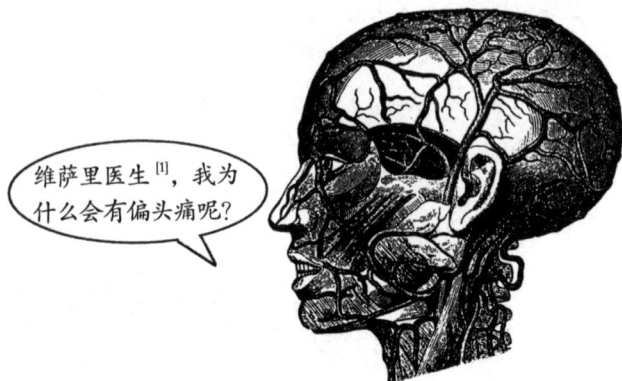

维萨里医生[1]，我为什么会有偏头痛呢？

这项技术的价值在于检测潜在的中风、肿瘤等。

（b）计算机断层成像（CT 扫描，也称为 CAT 扫描：Computerized Axial Tomogram，始于 20 世纪 70 年代）可以提供更为清晰的头部成像。该技术主要通过一个环状的仪器，借助 X 射线，对大脑进行全角度的扫描，并通过计算机重建出头部的影像。

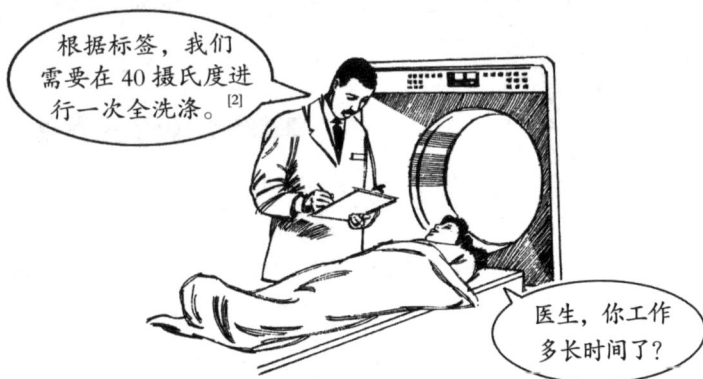

根据标签，我们需要在 40 摄氏度进行一次全洗涤。[2]

医生，你工作多长时间了？

---

[1] 维萨里（Vesalius）医生，解剖学家，近代人体解剖学的创始人。
[2] 仪器的正面看着很像一台洗衣机。

（c）正电子发射断层扫描（简 称 PET，Positron Emission Tomography scan）始于 20 世纪 80 年代，通过给人体注射一种温和的放射性同位素，并利用侦测器记录大脑活动的**动态**影像。因此，通过这种技术，我们可以观测到人们在进行某种活动时大脑的工作状态——例如：说话，听音乐，绘画……

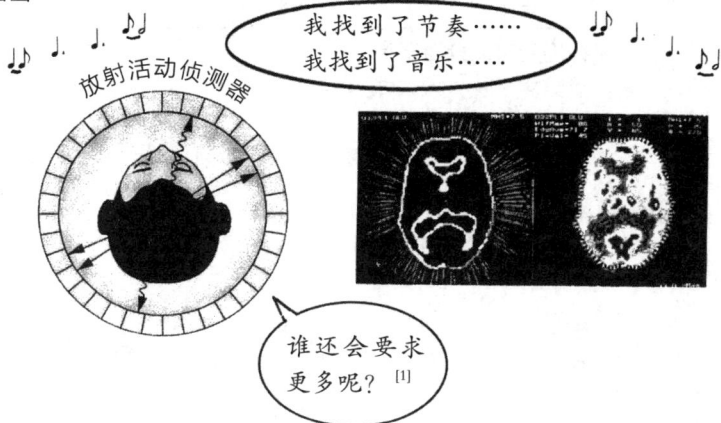

（d）核磁共振成像（MRI：Magnetic Resonance Imaging；引 自：Schulamn，1983）：该技术没有放射性，它的原理是：在快速变化的强磁场中（产生噪音），利用射频波段的电磁波（相当于无线电波）作用于体内的粒子，并通过探测其电磁波的影响来成像。

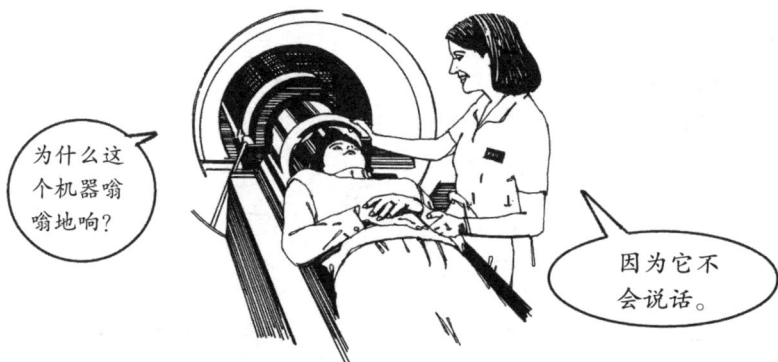

所有这些扫描都需要在医院进行，耗时并且昂贵。

---

[1] 这两句歌词出自一首经典的爵士曲目，《我找到了节奏》（*I got rhythm*）。

神经系统

神经系统由神经细胞（即**神经元**）组成，神经元间通过**突触**相连接。

神经元

脑大约包含 150 亿个神经元，每个神经元都与上百个其他神经元相连。

> **神经元可以分为三类：**
>
> 感觉神经元 = 接收信息
>
> 运动神经元 = 传出信息，例如：传到肌肉
>
> 中间神经元 = 连接感觉神经元和运动神经元

一个典型的神经元：

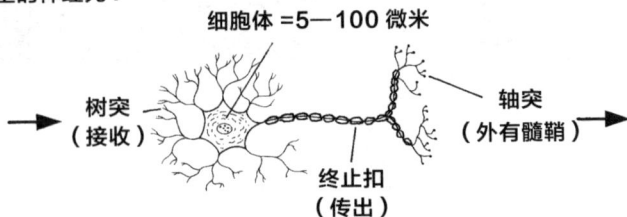

细胞体 =5—100 微米

树突
（接收）

轴突
（外有髓鞘）

终止扣
（传出）

唐纳德·赫布（Donald Hebb，1949）提出了细胞集合理论（Cell Assembly Theory），该理论认为一个特定的行为或想法是由一组彼此联系的神经元共同控制的。当其中的一个神经元兴奋时，它会通过轴突将信息传递给下一个神经元。

突触

在轴突的末端会有一个狭窄的缝隙，称为**突触**。在这里，化学物质或**神经递质**从一个神经元传到下一个神经元……

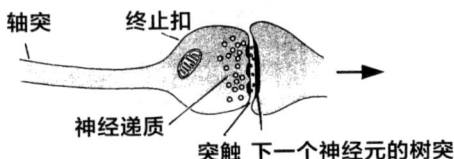

轴突　　终止扣

神经递质

突触 下一个神经元的树突

当一个神经元通过这种方式激活下一个神经元，就像是触动一个开关——遵循"全或无"的原则。神经元兴奋的传导过程就像是推倒一串多米诺骨牌。当然，就像需要让一些神经元兴奋，有时也有必要"抑制"它们，让它们**不**被激活。因此，我们需要不同类型的神经递质。

神经递质

神经递质中包括三种重要的化学物质:

1. 乙酰胆碱(Acetylcholine,简称 ACh)为兴奋性递质,可能与记忆有关。

> 阿尔茨海默症患者丧失记忆的症状,可能与乙酰胆碱浓度偏低,或乙酰胆碱传导受阻有关。

2. 多巴胺(Dopamine)为兴奋性递质,参与运动、注意和学习。

> 帕金森症患者的多巴胺浓度可能偏低,或多巴胺传递可能受到了损伤,这导致了他们身体颤抖或失衡等症状。可以通过左旋多巴(L-dopa)这种药物提高多巴胺的水平。

> 然而,一些人可能具有多巴胺偏高的问题,例如精神分裂症患者,他们需要服用一些药物(例如:氯丙嗪)来控制过量的多巴胺。

3. 5-羟色胺(Serotonin,即 5-HT)为抑制性递质,参与唤醒与睡眠(例如,抑制做梦),情绪(例如:抑制抑郁),食欲以及敏感性。

> 临床抑郁症患者突触间隙中的 5-羟色胺含量过低,因此,服用选择性 5-羟色胺再吸收抑制药(Selective Serotonin Re-uptake Inhibitor, SSRI),比如百忧解(Prozac),可以延长 5-羟色胺在突触中的活动时间,达到抗抑郁的效果。

主要的神经递质还有:谷氨酸(glutamate,或 glutamic acid),天冬氨酸(spartate)和甘氨酸(glycine)。

除神经系统外,人体中还存在一个重要的信息传递系统。下面,让我们一起来看看这个系统是如何工作的。

内分泌系统

神经系统的反应非常迅速（百分之一秒），保证了我们能够迅速地对外界环境做出反应。而内分泌系统的反应相对较慢（需要数秒或数分钟），会对我们的行为产生较长时间的影响。

这是因为内分泌（含义为：内部分泌）系统通过内分泌腺来影响人们的行为：内分泌腺会分泌出特殊的化学物质，被称为激素（或**荷尔蒙**）。激素会进入人们的血液系统，从而影响其他的腺体或者整个身体。

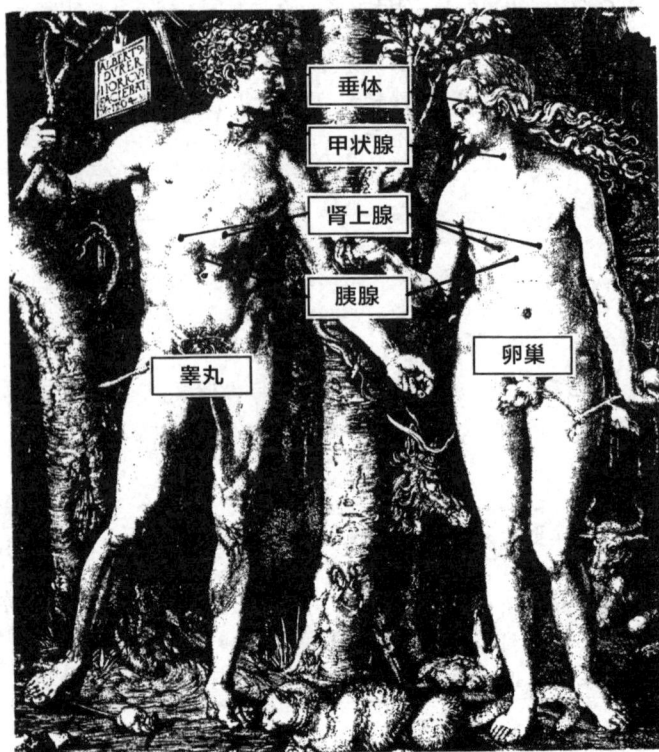

心理学家尤其关注垂体、肾上腺和性腺。甲状腺和胰腺主要参与人体的消化过程（虽然二者的异常也会导致情绪改变，但不是心理学家关注的重点）。

内分泌腺

垂体通常被称为"主腺体"，因为它控制着其他的内分泌腺。

例如，在压力情景下，下丘脑（脑部神经系统和内分泌系统的结合处）会接收到与压力相关的信息。随后，垂体会分泌出促肾上腺皮质激素（ACTH），这种激素会随血液到达肾上腺（和其他腺体）。

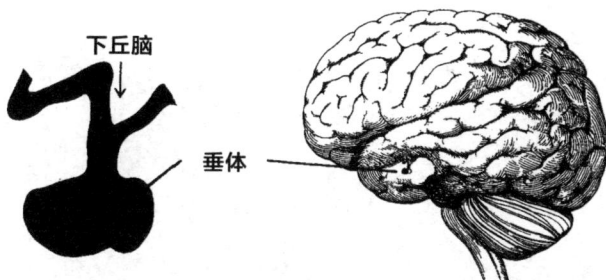

肾上腺是人们应对压力时的重要腺体，同时也是调节情绪和体能的重要一环。例如，当肾上腺接收到促肾上腺皮质激素的刺激后，肾上腺髓质会分泌肾上腺素（adrenaline 或 epinephrine）。肾上腺素会调整我们的身体状态，让我们有更多的能量应对紧急状况，它会让心跳加快，血液循环加快（出汗），等等。

性腺也参与很多重要的活动。

性腺

睾丸会分泌"睾酮"（textosterone），一种"合成代谢类固醇"（anabolic steroid）。

"合成代谢"有合成、建造的意思——它会合成肌肉，分解脂肪。

睾酮的分泌相对持续和稳定，它是导致攻击性行为的因素之一（Hutt，1972）。

通常，对动物进行阉割（切除睾丸）会降低它们的攻击性。

这是农场里世世代代都知道的事。

给动物注射睾酮会导致动物攻击性增强。

在各个年龄段的动物上，包括人类身上，我们都能观察到雄性更具攻击性。（也有些例外：怀孕的雌性、母亲，以及某些昆虫，比如螳螂和黑寡妇蜘蛛）。

因此，人们认为睾酮可能是导致性别差异的内部因素。例如，绝大部分暴力犯罪的罪犯都是男性。

然而，也有心理学家认为"睾酮解释论"夸大了睾酮的作用，在一些研究中（Maccoby and Jacklin，1974），睾酮和攻击性的关系被过分强调了。

卵巢分泌"雌激素"（oestrogens 或 estrogens）和"孕激素"（progesterone）。

雌激素是一种"分解代谢类固醇"。"分解代谢"有分解的意思——它会分解肌肉，积累脂肪。（同时，它也会保留身体的水分，因此女性每个月总有几天体重会增加。）

孕激素会调整女性的身体状态，让身体为怀孕（妊娠）做好准备——促进子宫内膜分泌，乳汁分泌，并抑制排卵。

"避孕药"会提高孕激素的水平，欺骗身体，让它以为自己正处在怀孕的状态，从而达到避孕的效果。

雌激素和孕激素的分泌具有周期性。

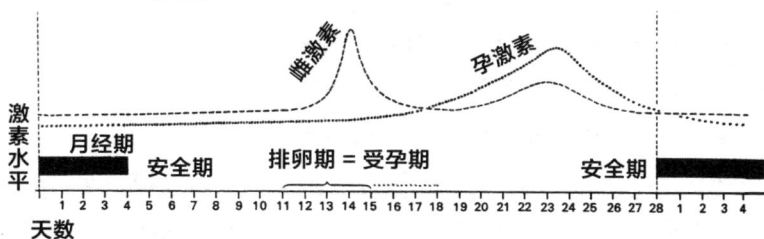

雌激素

孕激素

激素水平

月经期　安全期　　排卵期＝受孕期　　　　安全期

天数　1 2 3 4 5 6 7 8 9 10 11 12 13 14 15 16 17 18 19 20 21 22 23 24 25 26 27 28 1 2 3 4

小结：

男性的激素简单，且分泌稳定。（像杯烈酒！）

女性的激素复杂，且分泌具有周期性。（像杯鸡尾酒！）

125

遗传学

人体的每个细胞都包含 **DNA**（全称：脱氧核糖核酸，Deoxyribonucleic Acid），在 DNA 中储存了构造一个完整人体所需的全部信息。

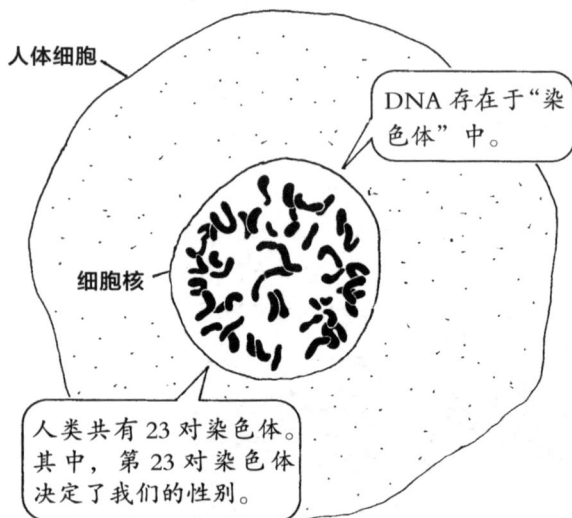

一个染色体中会包含上百个**基因**。基因是生物学单位，它们决定了个体的性状，会通过有性繁殖由父母遗传给子女。

每个人体细胞的 **DNA** 大约包含 100000 个基因 [1]。

现在，"基因组计划"汇集了世界各地的生物学家的研究成果，描绘了人类基因的图谱。在医学方面，它可以用于鉴定一些疾病的致病基因，例如杜氏肌肉萎缩症，亨丁顿舞蹈症，等等。

---

[1] 人类基因组计划完成后，发现人类的基因没有之前预想的那么多，可能只有 20000 到 50000 个。

遗传学在心理学中的应用

虽然，某些单个的基因似乎就具有一些特定的功能（例如，决定虹膜颜色——棕色或蓝色——的基因）。但是，基本上，个体的性状都是多个基因共同作用的产物。

一般而言，基因似乎不是导致某种特定行为的直接因素。

根据近几年的研究，所谓的"犯罪基因""同性恋基因"和"智力基因"都不太可能存在。

但是，有人主张多组基因的共同作用可能会导致个体有这类行为的倾向。现在还没有定论。

话虽如此，通过对动物研究，还是会发现一些基本的行为特征可以通过繁殖遗传给下一代——比如智力、情感、攻击性等等。因此，至少是理论上，行为遗传这个模式对人类也适用。但是，即使真的是这样，那么人类又能做什么呢？这涉及重大的伦理问题。

这场"大辩论"的核心依然是"先天与后天之争"。基因和环境分别在多大程度上决定了人类的行为？今天，"交互作用说"认为基因和环境都至关重要，二者是不可分离的。

有一种热门的研究方法，以基因完全相同的人为研究对象，即研究双生子。

双生子研究

通过相关分析，我们可以比较被分开抚养的同卵双胞胎在各方面的相似性（例如：智力水平，精神分裂倾向，等等），从而确定基因对人的影响。

美国和英国的研究者都发现，即使分开抚养，同卵双生子的智力水平（IQ 测试得分）仍然存在着显著的正相关（高于 0.6）。（Newman et al，1928; Shields，1962）

因此，一些心理学家认为此结果证明了智力很大程度上是可以遗传的。其中，汉斯·艾森克（Hans Eysenck）甚至声称个体智力的 80% 是由先天决定的。

另外一些心理学家则质疑双生子研究的信度和效度。他们认为双生子研究有各种各样的问题，如：样本量过小，或者分开抚养的双生子所处的环境极为类似等。卡明（Kamin）1974 年的文章指出，在纽曼（Newsman）的研究中，至少有一对被分开抚养的双生子生活在同一个城市里，甚至还有一对在同一所学校上学。

> 对双生子精神分裂倾向的研究也受到了类似质疑。有些心理学家认为这项研究不重要……

> 那又怎么样？反正我们无法改变天生的东西。我们应该关注如何改善所处的环境！

环境因素是最后一个学说关注的重点……

6.社会文化学说

行为会受到环境的影响——这里的环境指广义的环境，包含了家庭、社会阶层、社会地位、族群、宗教、国家和文化。人们太过熟悉自己的成长方式和生活方式，往往忘记了人与人在这方面有多大的差异——不仅外国人与自己不同，甚至邻居与自己都有着差异！

社会文化视角下的心理学借鉴了许多社会学和人类学中的概念。比如说，"社会化"——指学习社会"规范"的过程。

比较学 [1] 的方法也是很有效的……

> 社会–文化学说让我们注意到了那些影响我们的社会过程……

> 在人际交往方面……

> 在社会化过程中（语言、道德）……

> 在人格发展中（人格类型、态度）……

> 以及在群体行为方面。

社会文化学说让我们意识到了人与人之间的**不同**和**相似**……

---

[1] 例如：比较人类和动物的行为。

什么是文化

关键问题是我们如何定义文化。我们可以将文化定义为"环境中的人为部分",并分为两个组成部分:**客观**部分(交通方式、烹饪设备、技术)和**主观**部分(信念、价值观、规则)。

> 问题是,文化不是一成不变的,而是一直在变化的。

> 因此,有"传统"文化(变化较慢的)和"现代"文化(变化较快的)之分。

> 评价"现代"文化需要慎重,不能仅仅因为它是进步的,就认为它是更好的。

"文化"也常常指代一些国家的集合——例如,"西方"文化指美国和大多数的欧洲国家。但是,会漏掉一些相关的其他国家(澳大利亚、日本),同时也忽略了集合内的国家之间的差异。

文化分析

霍夫斯塔德（Hofstede）和特里安迪斯（Triandis）分析了不同文化间的差异。

霍夫斯塔德（1980）: 文化四维度

1. 权力距离（Power Distance）

——根据所处的地位表现出的尊重和顺从

2. 不确定性规避（Uncertainty Avoidance）

——对计划和稳定性的强调程度

3. 个人主义和集体主义（Individualism vs. Collectivism）

——倾向于将自己当作一个独立的个体，还是当作群体中的一员

4. 男性化和女性化（Masculinity vs. Femininity）

——倾向于追求目标（"男性化"），还是倾向于追求人际关系和谐（"女性化"）

如：日本 = 男性化；瑞典 = 女性化

特里安迪斯（1990）: 三个主要的"文化综合体"

1. 文化复杂性

例如：时间和宗教在文化中的重要程度

2. 个人主义和集体主义（与霍夫斯塔德所提的类似）

3. 严厉与宽松

——个体需要严格遵守社会规范，还是容许个体有偏离

例如：日本 = 严厉；泰国、中国香港、新加坡 = 宽松

为什么会存在多种多样的文化呢？这引出了另一个问题……

民族中心主义

"民族中心主义"（Ethnocentrism）指的是以本民族或文化群体的标准和价值观判断是非曲直的倾向。历史的教训已经告诉我们，极端的民族中心主义会带来很大的危害，尤其是那些由民族主义（Nationalism）导致的仇恨和迫害。悲哀的是，即使已经进入了 21 世纪，我们仍然没有吸取教训。

在很多学科中也存在着学术民族中心主义的问题。

进一步缩小范围，不难发现心理学研究中的被试大多是二十岁左右的大学本科生。

民族中心主义的形成过程类似于种族歧视和性别歧视的形成过程——事实上，它与任何一种偏见形成的过程都类似。

在社会文化心埋学领域中，有一个著名的跨文化研究。然而，它的研究者却是一个白人女性……

跨文化研究

玛格丽特·米德（Margaret Mead，1901—1978）在《三个原始部落的性别与气质》（*Sex and Temperament in Three Primitive Societies*，1935）一书中描述了新几内亚的三个原始部落：

阿拉佩什部落无论男女基本都没有攻击性，对待儿童充满温暖和关爱。

蒙杜古马部落无论男女都具有较强的攻击性，对待儿童很冷漠。

查恩布里部落最与众不同，部落中男性处于从属和被动的地位。

> 我们大部分时间都花在闲聊和化妆上了。

> 而我们女性拥有支配地位，有攻击性，并且掌控家庭和部落的绝大部分事务。

> 他们鼓励孩子去模仿相应的角色。

查恩布里部落中的性别"角色转换"（正如米德所见）常被作为"文化相对主义"的证据，它反驳了性别角色由先天性别差异决定的"先天论"。

米德采用了"参与观察法"进行研究，她生活在部落中，并对部落成员特定的行为进行记录。有研究者质疑这种方法，认为其过于主观。此外，我们也不知道这个现象是否受到了其他因素的影响，比如基因或者饮食。无论如何，这些部落只是世界人口中非常小的一部分。不过，这项研究确实证明了文化相对主义可能具有重要意义，不仅仅是在性别角色方面。

> 至此，我们已经介绍了心理学中的六个理论学说。在实际研究中，心理学的研究主题通常被分为四个类别：发展心理学，社会心理学，比较心理学和个体差异。在下文中，我们将进行详细介绍……

发展心理学

发展心理学旨在研究人类从出生开始的行为变化，因此儿童是主要的研究对象。然而，由于发展贯穿人的一生，因此发展心理学也研究青春期、成人期和老年期。皮亚杰（Piaget）和波尔比（Bowlby）是两位非常重要的发展心理学家。

让·皮亚杰（Jean Piaget，1896—1980）主要研究认知发展，他认为儿童不是"小大人"，相反他们有着不同于成人的思维。皮亚杰提出了四个相互关联的理论。

1. 阶段理论：认知发展可分为四个阶段。

（a）感知运动阶段（0—2岁）：儿童通过感觉和运动（动作）来了解所处的环境，并开始尝试控制环境中的物体。**重复**对这个阶段的发展非常重要……

大概在八个月左右，婴儿智力有了一个重要的进步，即理解了**客体恒常性**——认识到物体一直是存在的，即使是在自己看不到它的时候。对更小的婴儿来说，当物体被遮挡起来，他们会认为物体已经消失了（移开视线）。

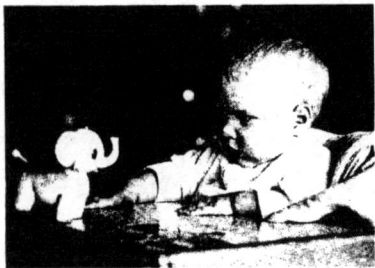

（b）前运算阶段（2—7 岁）：是智力真正发生飞跃的前一阶段。儿童掌握了语言，并且终于明白他人眼中的事物和自己眼中的不同。

在这个阶段，幼儿还是"自我中心"（egocentric），他们无法从他人的角度去看待事物。

但是你一定能看到房子啊！我都能看到！

（c）具体运算阶段（7—11 岁）：能够完成思维任务（运算），但前提是运算对象是可见的（具体的）。

数量守恒实验

先给儿童呈现两行完全一样的物体，然后当着儿童的面将其中一行重新排列。

现在，看看哪一行苹果多？

这一行。

结果：六岁以下的儿童还不了解"数量守恒"——他们还不明白物体的排列方式与物体的数量无关。六岁以后他们才懂得"数量守恒"，认识到物体的排列方式不影响数量。而儿童对容积守恒概念的理解发生得更晚。

体积守恒实验

1. 给幼儿看两个大小相同的球状物体
2. 大人把其中的一个搓成长条状
3. 大人提问。

> 现在，哪一个东西大？

> 这个！

容积守恒实验

1. 给幼儿看两个玻璃杯，其中一个较细较高，另一个较粗较矮
2. 大人把液体从较粗较矮的杯子中倒入较细较高的杯子中
3. 大人提问。

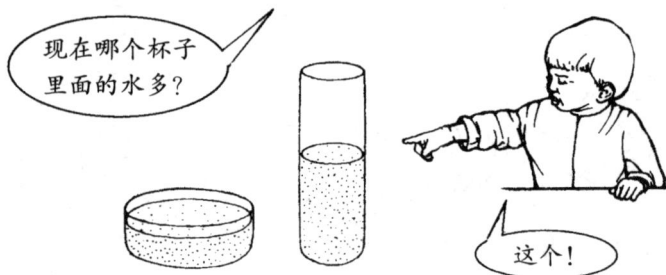

> 现在哪个杯子里面的水多？

> 这个！

结果：幼儿（9岁以下）没有体积或容积"守恒"的概念，他们不明白虽然形状改变了，但是体积和容积还是一样的。然而在具体运算阶段，儿童（一般是在9—11岁）最终发展出了守恒的概念。儿童在具体运算阶段得到完全发展后，就进入了最后一个阶段。

（d）形式运算阶段（11 岁以后）：可以完成以抽象概念为对象的思维任务，即运算那些看不见的东西（不具体的）。

钟摆实验

下列因素中，哪一个是钟摆摆动快慢的决定性因素？

（i）摆锤的大小
（ii）摆绳的长度
（iii）推力的大小

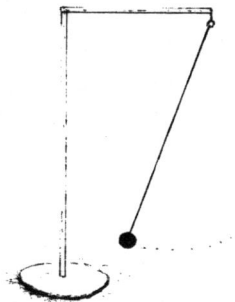

实验结果：超过 12 岁的儿童就可以推导出答案。

答案：（ii）摆绳的长度。（并非所有的成年人都达到了这个阶段！）

总结：这里给出的年龄只是一个大致的范围，阶段理论的重点是四个阶段的顺序。即便如此，还是有研究者批评皮亚杰过于悲观——他们认为如果问题的呈现方式更加有趣，其实年龄更小的儿童也能正确回答这些问题。例如：1974 年，麦葛瑞格（McGarrigle）和唐纳森（Donaldson）采用"调皮的泰迪熊"为实验材料进行了数量守恒的实验，结果发现在改变了排列方式后，3—4 岁的儿童就能够发现数量是不变的。皮亚杰的阶段理论相对简单直接，比较容易理解，而接下来的这个理论理解起来就比较困难了。

2. 图式理论（Schema Theory）解释了各年龄段的个体如何以简单的理念为基础构建更为复杂的心理结构。**图式**是一种动态的认知单元，也可称为"心理动作"。

新生儿只有有限的简单图式，例如：吮吸反射……

婴儿在吮吸反射的基础上，通过发展口舌的功能，学习发出声音，学习语言，最终获得了高度复杂的语言图式。

图式有两种发展过程：

（a）同化（来自生物学的术语）指"吸纳整合"，例如：早期的"抓握图式"使得婴儿可以抓握并捡起小物体。

（b）顺应（也来自生物学术语）指"改变"，例如：通过改变动作来抓握体积、形状和重量不同的物体，使得早期的"抓握图式"得以发展。

这两个过程不只对婴儿很重要。

成人图式

（a）**再认**（Recognition）是一种同化过程——接纳环境，辨别环境中熟悉的事物，使自己觉得舒适，并获得安全感。

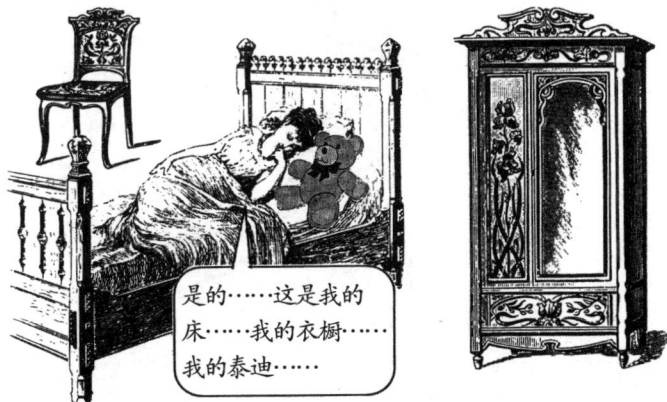

> 是的……这是我的床……我的衣橱……我的泰迪……

（b）**学习**是一个顺应过程——通过接受新信息来改变已有的知识。

> 哇哦！我以前不知道呢！

从上述的例子可以看出，在日常生活中人们都需要经历再认（已知事物）和学习（新事物）。如果总是经历再认，生活中的一切都保持一成不变，那么生活会很无聊。如果有太多的东西需要学习，环境一直在变化更新，那么生活就会变得很迷茫。

小结：通过同化和顺应，图式得到了发展和应用，这让人们能够更好地适应变化的环境。（"智力"就是适应的速度，智力越好适应越快。）适应也是下一个理论的要件。

3. 游戏理论

皮亚杰（1951）认为**游戏是一种适应过程，以同化过程为主**。通过游戏，儿童试着将现实世界与自己的需求和经验结合起来。

另一方面，**模仿**则**以顺应过程为主**——儿童通过模仿他人的行为来改变自己原有的行为。

皮亚杰强调游戏是一种自发自愿的活动。儿童"重复自己的行为并不是他在努力学习或研究，他仅仅是在享受掌控游戏的乐趣"（皮亚杰，1951）。

皮亚杰提出了游戏的三个阶段，分别对应了认知发展的前三个阶段……

（a）**练习游戏**，或称为掌握游戏，
儿童在这个阶段的游戏中不断地重复一
个动作。

（b）**象征性游戏**，或称为假装游戏，这种游戏包含幻想、角色扮演，
儿童会在这类游戏中对物体赋予象征性的意义。

> 我们来扮演医
> 生和护士吧！

> 好，你来扮
> 护士……

语言本身就是一个具有象征性的符号系统，它是这个阶段重要的组成
部分。

（c）**有规则的游戏**，
儿童在这个阶段的游戏中
采用了规则——基于规则
来组织游戏，有些时候规
则就是游戏的主题……

> 你不能那么做——
> 这是犯规的！

> 我可以——刚才
> 是你规定的！

> 不对，他没有规定，
> 是你自己定的！

运用规则的能力对儿童学习如何辨别是非很重要……

4. 道德理论

　　皮亚杰发现，9岁以前的儿童通常根据他人教授的原则来判断行为的好坏——皮亚杰将其称为**他律**（heteronomous，希腊语，意为"来自他人"）。随着成长，儿童逐渐以自己的标准来分辨是非，做到了**自律**（autonomous，意为"来自自己"）。通常，幼儿以**结果**而不是**动机**来判断一个行为的好坏。为验证这个说法，皮亚杰给儿童讲了两个类似的小故事。

　　第一个孩子故意把一点牛奶洒在地毯上；而第二个孩子不小心把好多牛奶洒在了地毯上。哪个孩子更淘气？

　　第二个孩子更淘气——因为他洒出来的牛奶多！

　　然而，九岁以后的孩子认识到行为的动机更重要。

　　不对，第一个孩子更淘气——他是故意的！

　　皮亚杰的理论对教育产生了深刻的影响，尤其在欧洲。例如：因为儿童的发展遵循自己的步调，一些关键的认知能力（如数量守恒）是无法教给儿童的。所以，教师的任务是给儿童提供一个有丰富刺激的环境，并且鼓励儿童通过**发现学习**来发展自己的能力。

波尔比（Bowlby）

约翰·波尔比（John Bowlby，1907—1990）主要研究情绪的发展。1951 年，世界卫生组织（WHO）出版了波尔比的专著《母亲的关怀与心理健康》，波尔比因此而为大众所熟知。

> 对儿童的发展来说，母爱就像维生素和矿物质一样重要……

他的研究发现母爱剥夺与青少年犯罪之间存在正相关（Bowlby，1944），藉此他得到了一个结论（相当情绪化的结论！）：母亲应该全职在家中照顾孩子。

政府采纳了波尔比的这一观点，并以此为由，劝说母亲们不要外出工作——事实上这是上世纪 50 年代政府为解决退役军人的工作问题而要的花招。

波尔比还有一个观点也相当有争议，他认为儿童只能建立**一个紧密的**情感依恋关系，依恋的对象通常是母亲，被称为**单一性**（Monotropy）[1]。

此后的依恋研究逐渐分成两个基本的派别：波尔比的**支持派**和**反对派**。

---

[1] 这里指儿童天生只会有一个主要的依恋对象。

"波尔比支持派"

（1）美国的精神病学家发现孤儿院中的婴儿由于缺少爱与情感呵护而变得孤僻和冷漠。其中，H. M. 斯基尔斯（H. M. Skeels）和 R. A. 斯皮茨（R. A. Spitz）对这个发现做出了尤为重要的贡献。

（2）在哈利·哈洛（Harry Harlow，1959）的研究中，他给恒河猴幼崽提供了两个人造妈妈，一个是有柔软身体的"绒布妈妈"，无法提供乳汁；一个是冰冷坚硬的"铁丝妈妈"，可以提供乳汁。幼崽只对"绒布妈妈"表现出了依恋，虽然它无法从"绒布妈妈"那得到奶水。

因此，以获得食物为目标的"橱柜之爱"是无法产生依恋的。

此外，失去生母的小猴长大后有反社会行为，性行为也存在问题，此外它们也无法发展为一个合格的父母（Harlow，1962）。

"波尔比反对派"

（1）安娜·弗洛伊德（Anna Freud）和苏菲·丹（Sophie Dann）1951年发表了一项对孤儿的个案研究。研究对象为六个从"二战"集中营中解救出的孤儿 [1]，年龄都在三岁左右。他们获救后被带到英国，并得到"斗牛狗之家 [2]"难民中心的救助。起初，这些孩子表现出了极强的攻击性。

然而，他们彼此之间亲密的情感联结最终帮助他们抚平了心理创伤，在三年时间里他们的行为逐渐变得正常，适应了正常社会。

不过，这种同伴依恋的长期效果还不清楚。

（2）跨文化的研究发现儿童会自然地和多个个体建立依恋关系。比如，玛丽·安斯沃斯（Mary Ainsworth，1967）通过研究乌干达的干达部落发现了多重依恋（multiple attachments）。

以上两个研究都不支持波尔比的"单一性"理论。

---

[1] 这六个孩子出生不久就失去了父母，从记事起，他们几个就生活在一起。
[2] 安娜·弗洛伊德租借的一幢位于英国某村庄的房子。

评价波尔比

迈克尔·路特（Michael Rutter）认为波尔比的理论正误参半。路特在英国怀特岛的研究发现（Rutter，1972），家庭破裂和青少年犯罪之间有显著的正相关，这支持了波尔比的理论。然而，波尔比理论中对母子分离的定义过于模糊。路特建议区分剥夺（deprivation）和缺失（privation）：前者指母亲去世或离开，而后者指缺少母爱。路特同时也指出离婚中的其他因素对儿童的影响也很重要，例如：相比父母离异本身，父母离异带来的压力对儿童造成的伤害更大。

梅维斯·赫瑟林顿（Mavis Hetherington）和她的同事（1978）也发现，离异过程中，父母制造的压力会影响儿童——导致愤怒、抑郁和内疚等负性情绪。

因此，波尔比理论有其正确的一面：强调爱和情感对儿童期发展的重要性，以及儿童缺乏关怀与其将来的犯罪行为有关。

但是，妈妈并非是唯一重要的人，而且她是否工作对儿童的影响并不大。

其他的影响则来自广泛的社会因素。

社会心理学

社会心理学的研究内容主要包括：

人际关系（例如：对他人的知觉，吸引力）

人格（例如：人格类型，自我概念，态度）

群体行为（例如：从众— Conformity，服从— Obedience）

当然，**人际关系**的基础是人们在儿童和青少年时期建立的关键的发展关系。下面提到的研究主要集中在**对他人的知觉**和**异性吸引**这两个方面。

（1）对他人的知觉通常会取决于我们眼中他人的主要特点。阿希（Asch，1946）和凯利（Kelley，1950）发现我们在知觉他人时会主动寻找一个人的"核心特质"（相对于"边缘特质"），例如："热情"的人是宽容的、幽默的和友善的；"冷酷"的人则反之。

光环效应（Halo Effect）会在我们总结一个人的核心特质时发生。

> 比如：如果我们认为一个人大体上是"好的"或"可爱的"，那么我们会倾向于从正面解释他的所有行为。

> 他们不会犯错。

同样的，如果一个人被我们当作"坏"人，那么他无论做什么都使我们倾向于讨厌[1]。

---

[1] 被称为"恶魔效应"。

首因效应和近因效应（The Primacy/Recency Effect），指我们对某个人的第一印象和近期印象会影响我们对这个人的知觉。首因效应——"第一印象效应"——在我们初见一个人的瞬间就发生了（几秒钟之内），首因效应主要来自长相、衣着、举止和言语等……

卢钦斯（Luchins，1957）发现，人们会根据最先获得的信息来判断一个人的个性主要是"内向"还是"外向"。即使在以后的交往中获得了完全相反的信息，这种印象也难以改变。

这一点非常重要，比如在法庭上。

另一方面，如果人们后来又发现了重要的新信息，那么近因效应就会产生。

如果我们从那些我们自认为了解的人身上发现了新信息，或者新获得的信息和第一印象之间相隔很长时间，那么近因效应会特别强烈。

（2）异性吸引

有很多因素都会影响我们是否会喜欢上或爱上某个人。

（a）相似性：人们倾向于与自己相似的或"相称"的人建立亲密关系。这种相似包括外貌的吸引力（Murstein，1972），以及诸如教育程度和智商（Hatfield et al，1978）等其他方面。

（b）收入和支出：指人际交往中获得和付出的关注、情感、信任、安全感、分享、技巧、信息、地位、金钱、精力、生育和性……

一些心理学家（例如，Blau，1964；Homans，1974；Berscheid and Walster，1978）把亲密关系看成是会计的收支清单：

利润 = 收入 － 支出

有些人在恋爱关系中也抱着一种**投资**的心态，他们会对自己的**期望**有所**妥协**，例如"我不指望自己能够找到一个又漂亮（帅）又富有的妻子（丈夫）"。

（c）特殊因素

——外貌吸引力在建立亲密关系的开始阶段很重要，特别是对男性来说。（Walster et al，1966）

——熟悉和接触可以增加喜欢的程度（Festinger et al，1950；Zajonc et al，1971，1974）。（可被用于广告设计和政治竞选！）

——互惠——如果我们认为一些人喜欢自己，那么我们也倾向于喜欢他们！（Aronson，1976）

态度

态度研究是社会心理学的基石。很多研究尤其关注社会控制领域（战争宣传、政府竞选、卫生和安全）和广告领域中态度的改变。

态度包含三个主要成分：

1. **认知**——信念（是客观并且中性的）。例如："吸烟有害健康。"

2. **情感**——情感上的好恶。例如："我讨厌烟味。"

3. **行为**——采取的行为。例如："我只在无烟餐厅吃饭。"

我们可以通过改变这三个成分来改变态度，特别是情感成分（Janis & Feshbach，2013）。

有关态度的数据通常以调查方式收集，采用基于瑟斯通（Thurstion，1929）和李克特（Likert，1932）设计的"问卷"。

吸烟态度问卷

请阅读每个描述，并选择一个你认为合适的选项，在相应的方框中标记出来。

	非常同意	同意	不确定	反对	非常反对
吸烟是导致癌症的最主要的原因之一					
我讨厌烟味					
我只在无烟餐厅吃饭					

偏见 [1] 可以被看作一种极端的态度，是一种用于避免潜在危险的习得反应（如果你吃了某种食物后感觉不舒服，你就不会再吃类似的食物了）。不过，偏见也可能导致非理性行为和反社会行为，如种族主义（Benson et al，1976）、性别主义、年龄主义和物种主义。

偏见是很容易产生的，比如简·艾略特（Jane Elliott，1977）发现，仅仅声称褐色眼睛的人比蓝色眼睛的人更优秀，就能在人们心里建立这种偏见。

以下两种方法可以**减少偏见**:（i）在平等地位上进行无竞争的交往;（ii）通过合作追求一个共同的目标（Brown，1986）。

---

[1] Prejudice，源自 prejudge，可理解为先入之见。

群体行为

从众（Conformity）和**服从**（Obedience）是不同的：从众是个体受到一个群体的影响；服从是个体遵照一个人的指令。

从众

阿希（Asch，1951）发现，一个小群体就可以让一个人同意多数人的意见，做出一个错误的选择。阿希发现，有 1/3 的被试总是同意大多数人的意见，有 3/4 的人在实验中至少有一次同意大多数人的意见。（除被试外，群体只需要包含其他三个成员就能带来最大的从众影响。）原因包括：

这个实验凸显了很多人天性中的"羊性"——这对培养社会认可行为非常有用（例如遵纪守法、待人有礼等）；有时候也会造成一些不良影响（"时尚受害者"[1]）；同时这种"羊性"也存在着潜在的危险，接下来让我们一起看看它的危险性。

[1] 为追求潮流不惜代价的人。

服从

米尔格兰姆（Milgram，1963）设计了一个实验，他让被试在一个"学习"情境中扮演"教师"的角色。他要求被试在"学生"答错问题时对其进行"电击"惩罚，并且随着错误的增多，"电击"强度会不断增加。被试能听到"学生"在隔壁房间里惨叫的声音："好疼！我受不了了！"（电压180伏）；甚至是垂死挣扎的尖叫声（电压270伏）。

尽管被试中途有抗议，米尔格兰姆还是要求他们继续进行电击，直到电压达到可能致死的"450伏"。

令人惊讶的是，所有的被试都将电压增强到了"300伏"以上，并且有62.5%的人完成了全程实验。

主试（实验者）

学生

但是，我只不过是听从了命令。

实验结束后，被试才会被告知"学生"事实上是一个演员，并且没有受到真正的电击。

这个实验证明，"普通人"也会被说服犯下不可饶恕的罪行。

比较心理学

心理学也会研究动物，主要为的是**比较**动物和人类的异同。但同时，这类研究也关心动物本身的行为和心理。

比较心理学研究可以简单分为"实验室"研究和"野外"研究——**动物行为学家**对后者有更深刻的影响，例如在自然条件下研究动物行为的洛伦兹（Lorenz）和丁伯根（Tinbergen）。

"实验室"研究贡献了学习的四大理论，在前文中的行为主义学说和认知学说部分已有详细介绍。

学习理论总结：

1. 经典条件作用（巴甫洛夫）— p.63

2. 操作性条件作用（斯金纳）— p.79

3. 社会学习理论（班杜拉）— p.91

4. 认知学习理论（柯勒）— p.100

另一方面，"野外"研究让研究者更深刻地理解了社会行为，特别是社会行为中的交流和攻击。

动物社群

为什么很多种动物都会组成社会性群体？简而言之，是为了**生存**！组成社群对生物**个体**和整个**物种**的生存都有重要意义。

个体生存需要**保护**（包括遮风避雨的居所和**食物**）。

物种生存需要**繁殖**（包括寻找合适的伴侣、求偶和结合，以及**保护其他个体**，特别是后代）。

当然，这是先天的，出于无意识的**本能**，几乎不需要动物有意识地进行决定。事实上，我们应该注意，避免从人类的角度解读动物的行为，即**避免拟人化**……

交流

要让群体性的生存方式发挥作用，动物间必须要有相互**交流**的方式。通常，交流需要借助符号，可以是视觉**符号**、听觉符号或嗅觉符号——比如说：外激素（＝可以嗅到的激素）。雄蛾可以嗅到半英里外雌蛾分泌的外激素。

一些符号在物种间是通用的，但是也有一些符号是某个物种所特有的。

一些动物的交流方式很复杂，比如鸟类的鸣叫、鲸鱼的歌声、海豚发出的"咔哒"声和猴子的叫声。但是，无论动物的交流方式有多复杂，研究者都没有从中发现任何形式的**句法**或**语法**。因此，人们通常认为人类以外的其他物种没有"语言"。黑猩猩能够学会使用美式手语（聋哑人使用的语言）可能是一个例外，如："瓦苏"（Washoe）在心理学家加德纳夫妇（Gardner and Gardner，1971，1975，1978，1983）的教导下学会了手语，并能与人交流。然而，持反对意见的研究者认为这类交流虽然让人惊叹，但是其实质仍然是模仿（Terrace，1979）。

攻击

和人类相比，大多数动物只有简单的交流形式，但是它们却能更好地避免物种内部的自相残杀。**社会助长**指的是亲社会行为，而不是反社会行为——比如：打哈欠、挠痒（亲社会），而不是盯着对方（反社会）。

当发生冲突，当动物在争夺配偶或者保护领地时，动物通常会采用**仪式化攻击**。

一方发出恐吓性的声音并做出威胁动作。

而另一方表现出屈服和退让，以避免打斗。

即使双方必须发生肢体冲突，它们通常也采用不会造成对方重伤的方式来攻击，如：只用身体坚硬的部位互相碰撞，就像山羊用角互相撞击。

事实上，谋杀，即故意杀害同类种群中的成员，在动物中是非常罕见的。简·古道尔（Jane Goodall）在研究野生黑猩猩 12 年后，才见到了第一例谋杀！

个体差异

这一部分主要研究个体的**正常和异常**，着重探讨**心理健康**和**心理疾病**（包括诊断和治疗）。个体差异研究中包括了两个重要的领域：**智力**和**人格**。

什么是"正常"？

理查德·格罗斯（Richard Gross，1996）认为"正常"包含了如下几层意思：

1. 统计定义（价值中立，不涉及价值观的评判）：绝大多数人（95%）都具有的行为和心理就是正常的；而仅在少数人（5%）身上出现的行为和心理则是异常的。（统计上，任何在平均值两个标准差以外的个体，都可能是异常的。）

2. 偏离正常（价值判断）：能够被社会所接受的行为和心理是正常的。比如说，在一些文化里，同性恋是"反常的""邪恶的""危险的""恶心的"和"堕落的"，是"文明社会的威胁"，等等。然而另一些文化并不会对同性恋做这样的价值判断。

3. 心理健康用于定义那些成熟且充实的人。心理健康包括：意识到自己在做什么以及为什么这么做；良好的自我发展；具有应对压力的能力；独立；正确认识现实；有爱与被爱的能力；有让自己满意的人际关系。（Jahoda，1958）

4. 心理疾病包括两种主观的认识：（a）"别人觉得我很好，但是我自己很痛苦。"（b）"我很好——但是别人不这么看！"研究者致力于建立客观的标准，通常是以医疗模式为基础，但也有研究者拒绝通过该模式定义心理疾病。

反精神病学家 R. D. 莱恩（R. D. Laing，1959，1961）。

精神病理学

"病理"可以理解为"疾病",因此字面上看精神病理学(Psychopathology)指的是研究"精神疾病"(mental illness)的科学。但是,今天**"心理障碍"**(mental disorder)这个术语更为常用。在实际操作中,心理障碍的分类体系主要有两个:

1. ICD,即国际疾病分类(International Classification of Diseases)——由世界卫生组织制订出版。国际疾病分类第十版,即ICD-10(1987),主要在英国等国家使用。

2. DSM,即精神疾病诊断与统计手册(Diagnostic and Statistical Diseases of Mental Disorders)——由美国精神病学会(American Psychiatric Association)制订出版。精神疾病诊断与统计手册第四版,即DSM-IV[1](1993),主要在美国等国家使用。

这两套分类系统非常类似,都源于埃米尔·克雷佩林(Emil Kraepelin,1896)的分类系统。这个系统中,不仅划分了由生理因素导致的"器质性"心理障碍,还区分了"神经症(neurosis)"和"精神病(psychosis)",成为后来心理障碍的经典分类。

神经症
——仅有部分人格受到影响
——患者能够觉察到
如:恐惧症、强迫症和焦虑症

精神病
——整个人格都受到影响
——患者不自知
如:精神分裂

心理障碍还包括**"情感"**障碍——如:抑郁和躁狂,以及**人格**障碍——如:反社会行为("变态人格")和依赖型人格障碍。

之前所提到的六个学说都可以作为**治疗**方法的基础。为寻找最有效的疗法,心理学家进行了很多研究。结果表明在接受治疗的患者中约有2/3在治疗后有所好转,但是未接受任何治疗的患者也有2/3的人好转了("自然缓解"[spontaneous remission])(Eysenck, 1952)。不过,"哪种疗法最有效"这个问题本身就不合适。要采用哪种疗法很大程度上取决于患者所患的是什么障碍——就像用药一样。

现在,心理学家通常会采用**综合心理疗法**(eclectic),此疗法基于多种药物和多种心理治疗技术的综合运用。

---

[1] 目前已经出到了第五版(2013)。

智力

智商测验

第一份智商测验是由**阿尔弗雷德·比奈**于 1905 年编制的，用于法国的学校鉴别和帮助能力不足的儿童。智商测验的结果通常是一个简单的数值，或称为**商**，是对能力的总概括。

智商（IQ）的均值被设定为 100，人群中智商的分布可以用正态曲线来刻画（一个标准差通常约为 15 分）……

智商分布

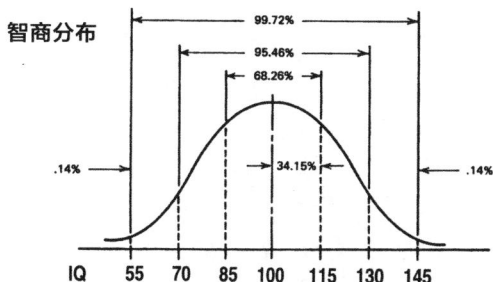

智商测验在斯坦福大学（美国）得到了发展，通过进一步修订后编成了"斯坦福—比奈"测验。从 1916 年起，政府就将其用于军队的新兵招募。

当今，有多种多样的智商测验，在学校、招聘和个人发展等方面都有应用。其中也包括韦氏智商量表和艾森克量表。

> IQ 测验例题：3 8 12 15 17？

智商引发的争议

　　智商可能是心理学领域中最具争议性的话题！导致争议产生的部分原因是人们将智商测试作为筛选工具，特别是用于筛选在校学生。智商测试的本意（比奈的初衷）是帮助儿童更好地发展，而英国仅利用智商测试帮助了其中的一部分人。

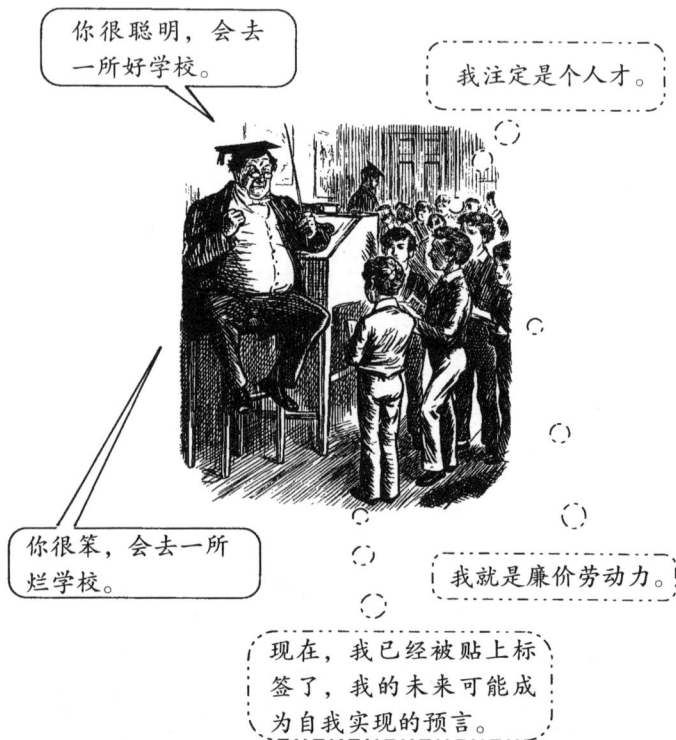

> 你很聪明，会去一所好学校。

> 我注定是个人才。

> 你很笨，会去一所烂学校。

> 我就是廉价劳动力。

> 现在，我已经被贴上标签了，我的未来可能成为自我实现的预言。

　　支持种族差异的研究者用智商测试结果作为支持种族差异的证据，导致了更大的争议。例如：阿瑟·詹森（Arthur Jensen, 1969）得出了"黑人的平均智商比白人的平均智商约低 15 分"这一结论。汉斯·艾森克（Hans Eysenck, 1981）认为："这些测试对不同文化是公平的……我们总结出一个简单的模型，即智商约有 80% 都由遗传决定。这个模型虽然简单，但是却真实可信。"

智商测验及其编制者常常遭到非议。但是，这对艾森克并不公平，因为他的确强调过：

"错误在于人们夸大了智力的重要性。种族主义者很容易滥用关于智力的研究结果和论点……应该把每个人当作一个独立的个体对待。"

更重要的是，有研究发现，改善个体所处的环境能够显著地提高智商（Skeel, 1956）。总之，智商测验的效度遭到了质疑：测验只能测量某些特定的能力，因此得分不能代表其他的能力——比如：智商测验不能测量"实践能力"或解决日常困难的能力。

现在的问题是智力该如何定义。一些心理学家将智力定义为"智商测试所测量的东西"。这明显是一个循环论证。而另一些心理学家（例如：皮亚杰）试图做出一些突破。但是，最终智商测验仍然是评价智力的最主流的工具。

第 163 页的智商问题答案是：18

人格

"人格"（拉丁文"persona"，含义为演员的面具）同样难以定义——是先天与后天争论的另一个焦点。

类型理论

一些心理学家关注总体的人格"**类型**"。例如，汉斯·艾森克的人格理论。他在荣格**内外倾理论**的基础上，增加了**神经质**（Neurotic-Stable）这一维度，通过他自己编制的问卷（EPI、EPQ）进行测量。艾森克认为人格类型主要由先天决定。

由弗里德曼（Friedman）和罗森曼（Rosenman）1959 年提出的人格"类型"理论也很受欢迎。他们将人格分为 A 型人格和 B 型人格：A 型的人争强好胜，缺乏耐心，并且焦躁不安，易患心脏病；B 型的人则与之相反。

特质理论

另一些心理学家则致力于定义人格中的特征或"**特质**"，例如：卡特尔 16 人格因素（Cattell's 16 Personality Factors，通过他的"16PF"问卷来测量）。这个理论认为人格包括：恃强性（顺从—支配）、怀疑性（信赖—多疑）、幻想性（现实—幻想）等特质。

这类问卷是**心理测量学**的基础，可以定量地描述个体的人格。此类问卷公众无法使用，只有具有相应资质的专业人员才可以使用。（但是滥用或误用这类问卷的情况非常普遍，尤其是用人单位。）

当代的心理学

当今的心理学家对各种心理学学说都持兼容并包的态度，仅有一小部分仍然固守以往的学说，带着狭隘和轻蔑的心态看待其他的观点。类似的，现在也很少有人再进行先天与后天的争论，因为二者都非常重要，是不可分离的（"交互"观点）。

当代心理学还出现了其他重要的观点。

女权主义和种族主义

20 世纪 70 年代以来，人们更加明确地认识到了社会中存在的不平等现象。和其他众多学科一样，心理学领域仍然缺少有影响力的女性或非白人的教师、学者和作家。

> 心理学仍然倾向于用异性恋的白人男性作为标准来评价其他所有人的行为。

> 这种倾向会导致不公平，让那些有可能做出卓越贡献的研究者无法获得应有的机会。不仅如此，心理学的这种倾向很可能只是"白人男性偏见"对整个心理学巨大影响的一个缩影。

女权主义者明确并强调了这些问题，同时也让心理学家进一步认识到其他的偏见和不公平——对残疾人、对老人的偏见，对不同性倾向者的偏见，以及对某些动物的偏见（"物种主义"）。

研究人类被试的伦理原则

令人难以想象的是，研究伦理近些年来才得到了重视，才开始深刻地影响心理学家。此外，那些故意将被试置于高压环境中的美国心理学研究（如：米尔格兰姆实验）成为研究伦理的另一个推动力。

美国心理学会（APA）和英国心理学协会（BPS）分别出版了**行为规范**（Codes of Conduct，1953，1983）和**伦理原则**（Ethical Principles，1978，1985，1990）。心理学家进行的所有研究、实践和教学都必须遵守这些规范。

基本伦理准则

自愿参加原则：这个原则非常重要，被试不仅享有自愿参与研究的权利，也享有在实验的任何阶段自由退出的权利。

知情同意原则：研究者需要告知被试本研究的内容和目的，并且征得被试同意，包括征得发表被试实验结果的同意。

欺瞒：应当避免欺瞒；如果在实验开始时欺瞒被试是必要的，那么在实验中研究者必须尽可能早地告知被试真实的实验目的。

事后解释（或心理咨询，如果是必要的）：研究者应当提供事后解释，在必要的情况下，还需要提供相应的心理咨询服务。

保密原则：被试所有个人信息必须保密，这包括在发表研究结果时隐去被试姓名，以防止被试身份泄露。

身体或心理伤害：应当避免给被试带来身体或心理上的伤害，包括避免令被试感到难堪，着辱，或自尊心受到伤害。

职业道德：心理学家应当遵守职业道德，包括诚实、尽职尽责、监督其他研究者等。

那我们呢？

研究动物被试的伦理原则

研究动物被试的原因：

（a）动物和人类之间有很多相似之处。

（b）由于现实或伦理的原因，研究不能以人类为研究对象。

这就产生了"动物研究悖论"：如果动物与人类相似到可以互相类比，那么它们在实验中也可能会感受到类似的痛苦。

在英国，针对动物研究设立了《动物法案》（*Animals Scientific Procedures Act*，1986）以及其他相应的职业规范。1986年颁布的《动物法案》规定，在开展动物研究前，研究者个人和项目都必须通过英国内政部严格的审核，获得许可证后方可进行。

英国心理学协会的"指南"给出了研究必须遵守的清单，包括：

——避免对动物的伤害，或把伤害最小化

——与内政部的检查员和同行商讨

——广泛地寻求意见：根据研究可能的贡献，确定是否值得在研究中使用活体动物；在不以活体动物为研究对象的前提下，是否能够达到研究者的研究目的。

今天，"以动物为对象的心理学研究只是动物研究中非常小的一部分。"（Gross，1996）。

心理学其他热点问题及应用

1. 心理学作为一个学科

作为一门学科，心理学通常会分为多个不同的系，每个系有其独特的教学方法、测试项目以及研究目的。一般心理学院会包含四个系——发展心理学、社会心理学、比较心理学和个体心理学——此外还有认知心理学和生理心理学。

系与系的教学与研究可能会有部分重叠，但是心理动力学、行为主义和人本主义往往不再有相应的院系。心理动力学通常会包含在发展心理学系或个体心理学系中。而行为主义也包含在这两个系中，但主要还是包含在比较心理学系中。人本主义取向则更常用于研究个体差异。

一般情况下，大学的心理学院系中会集中多种专业背景的心理学家。比如，认知心理学系可能有生理心理学、发展心理学、个体心理学和认知心理学的专家。

2. 当前趋势

目前，认知心理学和健康心理学是心理学中最为活跃的两个方向。

认知心理学（一些研究者更喜欢"认知科学"这一名称）：主要研究问题解决，并将其研究结果用于寻找各种问题的解决方法；此外，认知心理学还研究思维的复杂性。认知方向的发展得益于计算机技术的发展——通过计算机直接对被试进行测试和综合分析。

健康心理学：是近期发展起来的应用领域，综合了所有的学说和研究方向，尤其重视个体差异这个方向。人格理论、神经病理学和心理疗法（任何得到认可的疗法）都可以用于应对压力、亲友离世、结婚与离异、自毁行为（吸烟酗酒）、性行为问题等等。健康心理学能够帮助人们认识到命运很大程度上掌握在自己的手中，取决于自己的习惯。**运动心理学**是与健康心理学相关的一个流行的应用方向，研究内容包括动机、自我概念、团体动力学等。

这两个应用方向都得益于生物学的发展，如：人类基因组计划。

3. 对心理学的需求

人们对心理学的需求正在迅速增长。心理学书籍和基于其他媒介的资料十分畅销——虽然是"大众心理学"占据了主要的份额。（对心理学来说，"大众心理学"是个不幸的术语，然而在书店中却越来越多地被使用。）当然，这种状况是悲哀的，给了那些"假心理学家"轻松赚钱的机会，污染了心理学的市场。通常，读者可以通过作者简介和书评来判断一本心理学书籍是否值得读。

大学和学院中的心理学课程，以及心理学下属的二级学科，在学生中都越来越受欢迎。在英国，最受欢迎的学位课程中心理学位列第二，仅次于法律。在美国，心理学也是第二大专业，仅次于工商管理。

4. 心理学的地位

一个关键问题是，任何人，无论是否有资质和经验，都可以合法地自称为"心理学家"。尤其让人担心的是，有些人自称为"治疗师"或"心理学治疗师"（这可能是会被误解的头衔，或没有意义的头衔），甚至企图治疗病人。

在英国，英国心理学协会设立了非官方的"注册心理学家"系统（1990），将有资质提供心理服务的心理学家列入其中，并且可以供公众查询。但是目前这个系统还没有获得法律地位。政府应该仿照医生的体系加强对心理学从业者的管理。专业协会（英国心理学协会、美国心理学会、美国心理协会等）需要做出更多努力，管理这个专业，维护心理学的正面形象。

5. 对心理学的需要

近些年来，在大多数现代社会中，心理问题发生率上升——特别是由抑郁和压力导致的心理疾病。

总体需要： 随着生活水平的提高，很多人对自己和他人有很高的期望，容易感受到挫败、烦躁和失望——以及随之而来的抑郁情绪。心理学能够进一步界定这类社会问题，并从个体层面和制度层面提供这些问题的解决方法。不幸的是，很多人并不知道自己能得到哪些心理方面的帮助。心理学还需要努力给大众提供帮助和信息，并鼓励人们自助。

国家教育：在很多国家，国家教育都为人诟病，人们认为其对儿童的教育是失败的。教师和家长应该接受相应的培训，以便发现教育中出现的问题，学会采用不同的技术解决这些问题。师范教育的重点应该是智力发展、学习理论及其应用（包括学习纪律）和道德教育，并学会鼓励学生独立、培养他们的责任感和自尊心等。

公共健康：公共医疗应该向人们提供种类更多的治疗方法。传统医学仍然倾向于药物治疗，而极少考虑患者的心理状态。对患有压力相关疾病的病人，应该提供放松和想象治疗，教会他们相应的技巧，以帮助他们更好地恢复，并防止病情恶化。心理状态会极大地影响身体健康，例如：慢性压力会引起免疫力下降。这个领域还需要更多研究的支持。

社会控制：心理学的第三大应用领域，涉及执法、法庭、惩罚和改造。心理学中的技术可以帮助人们改变行为，主要通过行为主义的治疗技术（条件反射、厌恶疗法、行为矫正和模仿学习等），以及认知和人本主义疗法（例如：问题解决教育和自我概念管理）。

刑罚系统面对的最大问题就是缺乏科学性。矫正行为的方法来自人们的假设，其有效性并没有得到科学的检验和监测。即使当"惩罚"不起作用的时候（例如罪犯在刑满释放后仍有极高的再犯率），也很少有人尝试去改变这种惩罚方式。法庭审判和定罪总是会考虑到多种因素：个人或法律观点、公众压力、社会隔离、复仇和传统等等。然而，社会改造常常是最后被考虑到的。

政治需要

像法律系统一样，总的来说，政治的科学性也遭到人们的质疑。政客们会假设"人民想要什么"，以及"什么是有益于人民的"，但是他们并没有在收集相关的经验证据和理论检验上做出努力。这就催生了一个新的心理学方向——"心理政治学"（psychopolitics，新造词语）——结合了当今的心理学研究和历史教训。

当然，如果被心怀叵测的人掌控，"心理政治学"会带来危险。一个由民主选举产生的政府如果能准确地评估公众的需要并予以满足（至少保持到通过下届选举），就有可能会无限期地执政。

但是，从积极的角度看，对民众需求的深刻认识——加上科学方法和经验证据——有助于废除恶劣的法令，避免时间的浪费。

6. 对哲学的需要

早期，心理学会小心翼翼地将自己和哲学区别开来。但作为一个学科，心理学的确可以通过与某些哲学思想结合而从中受益。除了一些哲学的"技术"（如：逻辑推理，区分论证和谬误），心理学家能够从哲学大问题的讨论中获得启发——意识的定义，身心关系的辩论，信念在思维中的作用，自由意志和宿命论，以及**伦理**问题等。

心理学家的工作蕴含着巨大的责任和很多道德上的抉择，心理学家需要接受相关的训练来应对这些问题，否则，他们可能会一味地追求做好，而忽略了对他人潜在的伤害。而哲学能够帮助人们察觉到实际问题中涉及的道德问题。

7. 心理学职业

一个获得资质的心理学家有着广阔的职业前景——他们通常还会需要获得更进一步的资质，如：研究生文凭、硕士学位或博士学位。

临床心理学家

更多的信息请联系：莱斯特郡，公主东路 48 号，圣安德鲁大厦，英国心理学协会，邮编：LE1 7DR。

现在，不论你是希望花时间和精力深入学习心理学，希望将心理学应用到自己的生活中去，还是希望用心理学来帮助他人，你都能够获得大量的机会。我们希望这是一本对你有用的简介，为你呈现了这个学科的全貌，激发了你进一步学习和应用心理学的兴趣。

参考书目，参考文献和延伸阅读

下列书籍和文献是本书信息的主要来源。强烈推荐阅读的书籍和文献由黑体字标出。(方括号中是评论，或引用、参考的页码。)

Angell, James R. (1904) *Psychology* Henry Holt and Co. New York pp 6-7, in Lundin, Robert (1996) p125 [p. 46 - quote]

Angell, James R. (1906) Presidential Address to the A.P.A. "The Province of Functional Psychology", in Lundin, Robert (1996) pp 125-6 [p. 46 - ref] NB The bubble on consciousness is not quoted from Angell but Schultz p. 164.

Atkinson et al (1996) *Hilgard's Introduction to Psychology* (12th Ed.) Harcourt Brace. [美国本科标准教材]

Baars (1986) p 275, in Schultz (1996) p 451 [p. 104 - quote (rat)]

Bandura *et al* (1963), in Gross (1996). [pp. 88-9 - ref]

Bowlby J. (1951) *Maternal care and mental health* WHO, Geneva, (p. 145)

Cardwell, Mike et al (1997) *Psychology* Collins Educational. [英国模块化 A-level 教材]

Colman, A. M. (1995) *Controversies in Psychology* Longman.

Coolican, Hugh et al (1996) *Applied Psychology.* Hodder & Stoughton. [非常好地总结了应用心理学中的主要领域，如临床、犯罪、教育、健康、职业和体育]

Eysenck, Michael (1997) *Simply Psychology.* Collins.[英国 GCSE 教材]

Fuller, Ray *et* al(1997) *A Century of Psychology* Routledge, London and New York. [很好地收集整理了 20 世纪的文献]

Goleman (1983) p 54, in Schultz (1996) p 451. [p. 104 - quote]

Gross, Richard (1995) *Themes, Issues and Debates in Psychology.* Hodder & Stoughton.

Gross, Richard (1996) *Psychology - The Science of Mind and Behaviour* (3rd Ed.).

Hodder & Stoughton.[英国 A-level 教材，强烈推荐]

Harlow, H. (1959) and (1962), in Gross (1996). [p. 146- ref]

Hofstede (1980), in Gross (1996). [p. 133]

Hutt, C. (1972) *Males and Females.* Penguin, England, [p. 126 - ref]

Jones, Mary Cover (1924) in Schultz (1996) pp 272-3 [p. 75 - ref (not a true quote)]

Kamin, L. (1981) *Intelligence: The Battle For The Mind* (Eysenck vs Kamin). Pan. [p. 130-ref]

Lewin, K. (1936) *Principles of Topological Psychology.* McGraw-Hill. [p. 103]

Lewin et al(1939) in Gross (1996). [p. 103]

Lundin, Robert W. (1996) *Theories and Systems of Psychology* (5th Ed.) Heath and Co. Lexington, USA. [Strong on theories and history.]

Maccoby, E. and Jacklin, C. (1974) *The Psychology of Sex Differences.* Stanford University Press, USA. [p. 126 - ref]

McIntyre, A. (1972) Sex differences in children's aggression. *Proceedings of 80th Annual Convention of APA.* 7:93-94

Marx, Karl and Engels, Frederick (1848, 1996) *The Communist Manifesto* Pluto Press, London. [Marx quoted from p. 48 on p. 20.]

O' Donohue, William and Kitchener, Richard (1996) *The Philosophy of Psychology* Sage, London and California. [清晰地分析了心理学中的哲学问题，例如：25 章中的伦理问题]

Pavlov, I. (1926) "Relation between Excitation and Inhibition... Experimental Neuroses in Dogs", in Pavlov (1955). p.235 [p. 63 - 2nd and 3rd quotes]

Pavlov, I. (1934) "The Conditioned Reflex", in Pavlov (1955). p. 252 [p. 63 - 1st quote]

Pavlov, I. (1955) *Selected Works.* Foreign Languages Pub. House. Moscow.

Piaget (1932, '50, '63, '70, etc.) in Gross (1996). [pp. 36-41 - cognitive dev.ref; pp. 142-3 play ref; p. 144 - moral dev. ref]

Popper, K. (1968) *Conjecture and Refutations.* Harper Row, New York. [pp.20-22 - ref]

Robinson, Daniel N. (1986) *An Intellectual History of Psychology* Univ. Of Wisconsin Press. USA. [出色地描述了哲学和心理学间的联系] [Watson quoted from p 405 on p. 72.]

Sacks, Oliver (1970) in (1990) *The Man Who Mistook His Wife fora Hat, and Other Clinical Tales.* Harper Perennial. New York, p 11 [p. 14 - quote]

Schultz, D. P. and Schultz, S. E. (1996) *A History of Modern Psychology (*6th Ed.) Harcourt Brace. USA [一本非常好的心理学史]

Skinner, B. F. (1971) *Beyond Freedom and Dignity* Pelican, England, p 20 [p.4 - quote] (For Skinner, 1938 and 1953, see p. 76.)

Sternberg, R. J. (1995) *In Search of the Human Mind.* Harcourt Brace. [美国本科教材]

Sternberg, R. J. (1997) *Pathways to Psychology.* Harcourt Brace.

Triandis (1990) in Gross (1996). [p. 133]

Triplett, Norman (1898), The dynamogenic factors in pacemaking and competition. *American Journal of Psychology,* 9, 507-33 in Gross (2nd Edition, 1992) p 554: [p. 11 - ref]

Wade, Carole and Tavris, Carol (1990) *Psychology (*2nd Ed.) Harper & Row. [美国本科教材]

Watson, John B. (1913) *Psychology as the Behavorist Views It,* in Schultz (1996). pp 259-2 [p. 4 - quote; p. 72 - quote]

Watson, John B. (1930) *Behavorism.* (Rev. ed.) Norton, New York pp 303-4, in Schulltz (1996) pp 275-6 [p. 75 - quote]

Wellings, Kaye *et al* (1994) *Sexual Behaviour in Britain.* Penguin. UK and USA. [p. 13 - ref and quote]

Wollheim, Richard (1971) *Freud.* Fontana Modern Masters, London. [出色地总结了弗洛伊德生平和理论]

Wundt, Wilhelm (1873-4) *Principles of Physiological Psychology* (Preface), in Schultz (1996) p 72 [p. 25 - 1st quote]

Wundt, Wilhelm from Diamond (1980) A plea for historical accuracy. (Letter to the editor). *Contemporary Psychology,* 25, 84-5, in Schultz (1996) p 76 [p. 25 - 2nd quote]

Wundt, Wilhelm ("Rules of introspection") in Schultz (1996) p 78 [p. 25 - 3rd quote]

致谢

Mark Andrews - Artist, Graphic Designer

Pam Berry – Counsellor

Steve Brammell – Philosopher

Jenny Doe - Clinical Psychologist

Mike Gibas & John Read at "Nomad" , Letchworth - Graphic Designers

William Grieg - Layout Assistant, etc.

Linda Hambleton - Organizational Psychologist

Peter Kewley - Librarian, Researcher

Lorna Marriott - Paste-up Artist

Christine Pinkerton - Layout Assistant

John Radford - Distinguished Teacher (in the lecture hall and the pub!)

Eppie Saunders - Layout Assistant

Lee Stanley – Photographer

索引